江苏高校品牌专业建设工程项目（PPZY2015A063）、
江苏高校哲学社会科学研究项目（2015SJD134）资助

美国运河国家遗产廊道研究

龚道德 著

中国建筑工业出版社

图书在版编目（CIP）数据

美国运河国家遗产廊道研究/龚道德著. —北京：中国建筑工业出版社，2018.3
ISBN 978-7-112-23125-6

Ⅰ.①美… Ⅱ.①龚… Ⅲ.①文化遗产－保护－研究－美国 Ⅳ.①K712.03

中国版本图书馆CIP数据核字（2018）第291603号

责任编辑：程素荣　张鹏伟
版式设计：锋尚设计
责任校对：王宇枢

江苏高校品牌专业建设工程项目（PPZY2015A063）、江苏高校哲学社会科学研究项目（2015SJD134）资助

美国运河国家遗产廊道研究
龚道德　著

*

中国建筑工业出版社出版、发行（北京海淀三里河路9号）
各地新华书店、建筑书店经销
北京锋尚制版有限公司制版
北京京华铭诚工贸有限公司印刷

*

开本：787×960毫米　1/16　印张：12½　字数：221千字
2018年12月第一版　2018年12月第一次印刷
定价：48.00元
ISBN 978－7－112－23125－6
　　（33100）

版权所有　翻印必究
如有印装质量问题，可寄本社退换
（邮政编码100037）

内容提要

由于现代运输方式的多元化，目前世界范围内许多运河的运输功能逐渐弱化，运河出现了诸如水体被污染、空间被挤占、历史遗存遭到严重破坏、生态环境逐渐恶化等问题。因此，运河遗产的整体保护，运河区域的振兴成为当前亟待研究的课题。

美国是开展这一方面探索较早的国家，近年来取得了丰硕的成果。我国也有许多类似的线性遗产区域，但相关理论研究十分缺乏。

本书以美国运河国家遗产廊道的理论与实践为研究对象，采用了现场调研、理论梳理、归纳、图表分析、推理，以及实例分析等多种研究方法。

全书的主要内容包括以下几部分：

第一部分即绪论，主要阐述本书的研究背景、研究的对象与范围、研究的目的与意义、研究的内容与框架，以及本书的创新之处。

第二部分包括第2章和第3章，作为本书的基础研究。其中，第2章主要阐述了美国运河国家遗产廊道的相关概念及理论，第3章分析了美国运河国家遗产廊道模式出现的历史背景、触发因素，发展现状与存在的问题。

第三部分包括第4～7章，是本书的深入研究部分。该部分在剖析美国运河国家遗产廊道模式运作机理与管理规划的基础上，对模式的特性进行了总结，然后对其可持续发展的相关问题进行了较为深入的探讨。

第四部分即第8章，是本书的应用研究。通过实践项目的分析，对前面章节论述的相关理论与模式特性进行具体的实例印证，从而引发相关的思考，期望能够为未来的实践探索提供有益的参考。

第9章是本书的结语部分。

目 录

内容提要 ··· iii

第1章 绪论 ·· 01
    1.1 研究背景 ·· 01
    1.2 写作意图 ·· 02
    1.3 研究的主要目的和意义 ·· 03
    1.4 研究现状分析 ··· 04
    1.5 研究工作的设想 ·· 09
    1.6 研究方法与资料来源 ··· 09

第2章 理论回顾 ··· 12
    2.1 相关概念的界定 ·· 12
    2.2 相关理论的梳理 ·· 18

第3章 美国国家遗产廊道概述 ··· 35
    3.1 美国文化景观保护的发展历程及其特点 ································· 35
    3.2 美国运河文化景观的历史与现实意义 ···································· 40
    3.3 美国国家遗产廊道发展的历史脉络 ······································· 45
    3.4 本章小结 ·· 57

第4章 美国国家遗产廊道模式运作机理分析 ································· 58
    4.1 管理目标 ·· 58
    4.2 行动策略 ·· 63
    4.3 管理框架 ·· 71
    4.4 运作机制 ·· 74

4.5　运作过程 ………………………………………………… 77
　　　4.6　本章小结 ………………………………………………… 81

第5章　美国运河国家遗产廊道管理规划 ………………………… 83
　　　5.1　管理规划概况 …………………………………………… 83
　　　5.2　管理规划的内容 ………………………………………… 86
　　　5.3　管理规划与前期研究的关系 …………………………… 90
　　　5.4　管理规划编制团队 ……………………………………… 92
　　　5.5　管理规划编制过程 ……………………………………… 94
　　　5.6　管理规划的特点 ………………………………………… 97
　　　5.7　本章小结 ………………………………………………… 102

第6章　美国运河国家遗产廊道管理模式特性解析 ……………… 103
　　　6.1　模式基本属性的解读 …………………………………… 103
　　　6.2　模式基本特点的剖析 …………………………………… 105
　　　6.3　本章小结 ………………………………………………… 118

第7章　美国运河国家遗产廊道的可持续性研究 ………………… 119
　　　7.1　可持续性研究的现状与问题 …………………………… 119
　　　7.2　可持续性模式框架 ……………………………………… 122
　　　7.3　运河国家遗产廊道可持续性系统剖析 ………………… 126
　　　7.4　运河国家遗产廊道可持续发展的保障 ………………… 136
　　　7.5　本章小结 ………………………………………………… 141

第8章　实例研究——黑石河流域国家遗产廊道 ………………… 142
　　　8.1　地理、历史背景 ………………………………………… 142
　　　8.2　模式概况 ………………………………………………… 147
　　　8.3　模式运作框架 …………………………………………… 149

  8.4　行动策略 ………………………………………… 150
  8.5　可持续研究 ……………………………………… 169
  8.6　本章小结 ………………………………………… 172

第9章　结语 ……………………………………………… 173
  9.1　主要研究结论 …………………………………… 173
  9.2　对我国的启示 …………………………………… 174
  9.3　研究展望 ………………………………………… 178

附录1　美国国家遗产廊道/区域类项目清单 ………………… 179
附录2　本研究考察线路及相关图片 ………………………… 183
参考文献 …………………………………………………… 185
致谢 ………………………………………………………… 190

第1章　　绪论

1.1　研究背景

由于现代运输方式的多元化，目前世界范围内许多运河的运输功能在逐渐弱化，运河上往日那繁忙的景象已不复存在，因运河而兴起的码头、工厂、城市正逐渐衰落。这些衰落的运河大都曾经创造了区域经济的辉煌，留下了宝贵的运河景观遗产和无数历史佳话。随着社会经济的快速发展，运河区域的历史遗产与城市现代化、农村城镇化建设发生了猛烈的碰撞。运河的历史文化遗存、风貌正面临着严峻的挑战。运河出现了水体被污染、空间被挤占、历史遗存遭到严重破坏、生态环境逐渐恶化等许多问题，这些运河如果再不加强保护，其真实性和完整性将不复存在。因此，运河遗产的整体保护、运河区域的振兴成为当前亟待研究的课题。

鉴于大量区域性遗产需要整体保护，近年来国际遗产保护领域研究的热点呈现一种新的态势，"由重视静态遗产向同时重视活态遗产方向发展；由重视单体遗产向同时重视群体遗产方向发展"（徐嵩龄，2005）。

在这一背景下，许多西方国家都开展了整体性、区域化遗产保护的有益探索。其中，美国国家遗产区域模式尤为典型。遗产区域（heritage area）是美国针对大尺度文化景观保护的一种较新的尝试，它除了源于美国遗产保护领域对文化景观认识的提高外，还与协作保护思想、公园运动、绿道的发展密切相关。该方法强调对区域历史文化价值的整体认识，并利用遗产复兴经济，同时解决美国所面临的景观趋同、社区认同感消失、经济衰退等相关问题。

遗产廊道是遗产区域的主要形式，它是通过大尺度线性文化景观保护和合理开发，达到区域振兴目的的一种方法。一般来说，遗产廊道是："拥有特殊文化资源集合的线性景观，通常带有明显的经济中心、蓬勃发展的旅游、老建筑的适应性再利用、娱乐及环境改善"（Robert M. Searns. 1993）。按美国国家公园管理局（NPS）的定义，国家遗产廊道是一个由国家议会所认定的，具有多样的自然、文化、历史及休闲资源，反映出自然地理条件下所形成的人类行为特征的一个整体的、可以代表国家某种独特景观特征的区域[1]。此外，美国著名风景旅游专家克莱尔·冈恩（Claire Gunn）教授从另一个角度指出：国家遗产区域是由政府、私人与非营利组织共同组成的合作伙伴区域（Martin Williams，Susan，2007）。

事实上，运河遗产廊道不仅保护了那些具有文化意义的运河遗产区域，而且通过适当的生态修复措施和旅游开发手段，使区域内的生态环境得到恢复和保护，使得那些一度衰落的运河区域重新焕发青春，成为现代生活的一部分。

1984年美国国会通过立法认定的首条国家遗产廊道——伊利诺伊—密歇根运河国家遗产廊道（Illinois and Michigan Canal National Heritage Corridor），标志着遗产廊道这一概念的提出与确立。这条遗产廊道无论是在遗产保护还是旅游经济发展上都取得了巨大成功。此后，这种把自然和工业联系起来并维持它们的平衡，以激发经济振兴的理念，引起了许多州和社区的效仿，国家遗产廊道由此逐步发展成为美国文化遗产保护体系的重要组成部分，其相关保护机制与方法也渐趋成熟。

本研究建立在遗产廊道形成的历史背景、保护与利用的模式，以及经典案例深度剖析的基础上。

1.2 写作意图

笔者之所以开展这项研究，主要基于国际与国内两方面考虑：

1.2.1 国际趋势

目前，国际范围内非常重视废弃或衰落运河区域的振兴。尤其北美地区已经形成了有关运河区域振兴建设的相对完善的体制和方法，并且在遗产保护、生态环境建设、休闲娱乐经营等方面都取得了良好的效益，有很多成功的案例值得我们研究、借鉴。

---

1 见http://www.cr.nps.gov/heritageareas/FAQ/INDEX.HTM.

1.2.2　国内现状

（1）遗产保护的宏观层面：缺少区域化参考模式

中国作为历史悠久的文明古国，拥有丰富的线性文化遗产资源。在当前城市化快速发展和大规模城乡建设过程中，线性文化遗产，尤其是大型线性文化遗产的保护已逐渐成为遗产保护界关注的热点。而中国目前还缺乏对遗产廊道的深入认识和研究。线性区域保护的相应援助办法，以及制度、法规等运作机制也都在摸索之中。

（2）运河遗产区域保护与利用的层面：

①我国缺乏运河遗产区域保护与利用的相关理论成果

目前，运河区域保护与利用的问题日益受到我国遗产保护界的关注和重视，正在进行中的运河区域保护与发展实践强烈呼唤更具系统性、可操作性的理论成果出现。目前，国内关于运河遗产廊道保护与利用大都局限于个案研究，整体性、系统性研究相对不足，且忽视了多元目标价值体系。因此，现有的研究成果在理论指导上显得比较薄弱，无法满足我国运河区域振兴的需要。本书希望在总结美国运河遗产廊道保护与利用成果的前提下，为我国运河区域保护与利用提供可借鉴的理论成果和实践经验。

②我国需要运河区域保护与利用的实践经验

在我国开展运河区域保护与利用相关研究是保护运河文化景观遗产的需要，也是在快速城市化背景下建设高效和前瞻性生态基础设施的需要，同时更是进一步开展文化旅游的需要。我们急需借鉴和参考美国遗产廊道在运河区域振兴方面的宝贵经验。

1.3　研究的主要目的和意义

1.3.1　研究目的

本书以美国运河国家遗产廊道模式为研究对象，通过大量研究，旨在达到以下目的：

（1）从保护区模式演化的角度探讨美国运河国家廊道模式的成因；

（2）从管理目标、行动策略、管理框架、运作机制、运作过程等角度深入剖析美国运河国家廊道模式的运作机理；

（3）分析美国运河国家廊道模式的特点；

（4）探讨美国运河国家遗产廊道模式的可持续发展方向；

（5）形成相关的理论成果，为同类线性遗产区域保护与利用提供可资借鉴的理论依据。

1.3.2 研究意义

（1）研究的实践意义

目前，我国运河区域保护与利用缺乏思路，在学习西方发达国家经验时，只追求表面的模仿。有关运河区域的保护与利用研究，不论综合评述，还是针对具体案例的研究，都缺乏系统性与整体性的观照，忽视了运河区域保护与利用的深层动因，从而使运河区域的保护与利用实践走入误区。因此，本书针对美国运河国家廊道的经典案例进行了深度剖析，总结其经验与教训，探索有关运河国家遗产廊道的运作机理及其整合保护与发展的策略，对于我国运河区域保护与发展的具体实践有重要的指导意义。

（2）研究的理论意义

与西方发达国家相比，我国的线性遗产区域数目较多，但相关理论研究缺乏。尽管近年来对国外理论与经验有所引荐，但大多是一些基本概念与个案经验的引入，缺乏对相关理论发展历程的系统梳理与深入思考。因此，本书的内容是及时而必要的，具有重要的理论参考意义。

1.4 研究现状分析

1.4.1 国外相关研究动态

（1）北美关于运河区域保护与利用的研究和实践

美国是最早提出通过遗产廊道模式开展运河区域保护与利用的国家。遗产廊道（Heritage Corridor）的出现和绿道（greenway）的发展、成熟密切相关。绿道在美国有很长的发展历史，早在19世纪中叶，奥姆斯特德（Frederick Law Olmsted）就开展了先期探索。之后，这一概念由威廉·H·怀特（William H. Whyte）先生于20世纪70年代首先提出，该概念的提出将资源保护范围扩展到大尺度的线性开放空间层面。后来学者查尔斯·利特尔（Charles Little）进一步发展了绿道的理论，并提出了"遗产绿道"（Heritage Greenway）的概念。到1984年8月24日，美国议会认定了第一条遗产廊道——伊利诺伊—密歇根运河国家遗产廊道时，才标志着遗产廊道这一概念的正式确立。之后，罗伯特·西尔斯于1993年进一步提出了遗产廊道的一般特征：即"拥有特殊文化资源集合的线性景观，通常带有明显的经济中心、蓬勃发展的旅游、老建筑的适应性再利用、娱乐及环境改善"（Robert M. Searns，1993）。

由于这种项目的复杂性与特殊性，仅凭个人的力量很难开展深入、细致的定量评价研究，国会如果要对某一个或几个项目做比较细致的评价研究，一般会委托第三方机构进行，如国家公园局保护研究所。

与美国国家遗产廊道/区域在全美范围内实践探索的规模相比，学界对其开展的理论研究规模和层次显得远远不够。

笔者通过哈佛大学Hollis系统检索发现：关于遗产廊道/区域的硕士、博士论文最早出现在20世纪90年代中期，只有两篇，且都是通过案例对遗产廊道这种保护模式的洞悉。如：《德拉华·李海国家遗产廊道区域历史与规划潜力》（Miller Lanning Darlene，1994），《作为历史保护运动的一种文化形态模式的莫米河流域遗产廊道》（Ligibel Theodore J.，1995）。随后，相关的硕士博士论文逐渐多了起来，如：宾夕法尼亚大学亚当·希拉里克的硕士论文《遗产区域的认定及其对舒伊尔基尔河流域生活质量的影响》，该文从遗产区域对区域经济和生活影响的角度进行了较为深入的探讨（Hillary G. Adam，2004）。到21世纪初的2006年，最早授权的两条廊道已经历20年的探索，国会有意对这一模式进行评价和审视。因此学界也开始了对该模式运作机理和特征的探讨，并出现了一些研究成果，如麻省理工学院伊丽莎白·莫顿的博士论文《遗产伙伴：国家认定，地区促进和地方保护组织的作用》，分别以黑石河流域国家遗产廊道与西南宾夕法尼亚遗产保护委员会为案例，对国家公园局与地方组织在遗产区域中的作用，及其之间的关系进行了系统研究（Elizabeth Morton，2006）；摩根大学威廉姆斯·苏珊马丁的博士论文《发展和规范组织域模式以及探索作为联邦合作伙伴的国家公园局的作用》，着重探讨了国家公园局在遗产区域建立之初，以及建成后各阶段的作用（Martin Williams S.，2007）。到2010年前后，更多的学位论文关注遗产廊道/区域项目对区域经济的影响。如南加州大学建筑学院伊丽莎白·妮科尔·朵莉的硕士论文《洛杉矶非裔美国人遗产区域：发展建议》围绕创立遗产区域和旅游而展开（Elysha Nicole Dory，

2010）。马萨诸塞州阿默斯特大学金伯利·麦基的硕士论文通过对合作伙伴的分析，研究遗产区域经济和社会的发展（Kimberley M. Mckee，2011）。美国北爱荷华大学崔朴勇的博士论探讨爱荷华州筒仓与烟囱国家遗产区域的目的地吸引力特征（Choi，Puyong，2012）。犹他州立大学泰勒·A·贝尔德的硕士论文探讨了遗产旅游中游憩专业化的潜在问题，为贝尔河遗产区域管理的改进提供最佳建议（Tyler A. Baird，2013）。马里兰大学伊丽莎白·图腾的硕士论文《国家遗产区作为一种可持续遗产旅游和保护的工具》，认为国家遗产区域在很大程度上被误解为自然资源规划的工具，实际上它是支持可持续遗产旅游的有效保护工具，该研究的主要目的是要澄清国家遗产区域在历史保护领域的作用（Elizabeth Totten，2016）。

同样通过Hollis系统检索，笔者发现关于遗产区域的重要期刊论文主要有以下几篇：如霍尔·迈克尔的《基于公共政策角度的合作和伙伴关系的再思考》，从公共政策的角度探索遗产区域的合作伙伴关系，以及遗产旅游的相关问题（Hall C. Michael，1999）。格伦·尤格斯特的《遗产区域运动的进化》着重分析了遗产区域运动产生的背景因素，以及其各阶段的进化过程（J. Glenn Eugster，2003）。布伦达·巴雷特的文章《国家遗产区域的谱系根源》，从美国遗产保护运动的整体出发，探寻遗产保护运动的根源（Barrett Brenda，2003）。布伦达·巴雷特与埃利诺·马奥尼合著的文章《国家遗产区域：从过去30年的工作到规模化发展的启示》对国家遗产区域过去30年的工作进行回顾，并对这一模式进行了深度解析（Brenda Barrett et al.，2016）。霍拉迪·帕特里克等的文章《伊利诺伊—密歇根运河国家遗产廊道利益相关者的探索性社会网络分析》采用了社会网络分析法对伊利诺伊—密歇根运河国家遗产廊道内利益相关者组织进行了探索性的社会网络分析（Holladay Patrick et al.，2017）。

由于特殊关系，加拿大与美国的研究动态紧密相连。加拿大通过遗产廊道的模式实现运河区域振兴也比较早，有很多关于运河区域振兴的成功案例。如：里多（Rideau）运河（2007年入选世界遗产）、莱辛（Lachine）运河等。但在加拿大的国家公园管理体系里，没有遗产廊道这样的官方称谓和设置，只是在很多线性遗产的管理规划中正式引用此概念，他们也确实采用类似遗产廊道的模式进行运河遗产区域的振兴。

（2）其他国家关于运河遗产区域振兴的研究和实践

欧洲和南美的一些国家以及亚洲的日本、韩国等都有类似美国通过遗产区域/

廊道实现运河区域振兴的案例。其中,欧洲由于人类居住的历史较久,自然地几乎为零,同时由于很早就开始发展文化旅游业,因此较早产生了通过遗产驱动经济发展的方法。如,英国"以遗产为契机的整合保护与发展模式"(HerO)[1]等。与美国类似,欧洲的遗产区域项目包括由多个合作团体管理的不同大小和不同历史文化主题的地区。这些团体仅对遗产区域实施管理,并不对该地区的土地利用施加控制。由于欧洲不同国家给予遗产保护支持的程度不同,国与国之间遗产区域的种类和范围都有一定的差异。尽管如此,每个国家都会有重要的遗产区域案例。在这些区域内,保护遗产和独特文化景观是区域再生和振兴的重要手段。

(3)运河遗产廊道研究成果分析

通过统计数据分析,笔者总结出:已出版的图书中,大部分是相关保护组织编制的规划和一些政府文件,以及相关会议论文的汇编。目前的研究主要集中在遗产廊道的由来、概念、判别标准,以及运河遗产廊道的整体保护策略,有关"运河遗产廊道"保护与开发的深入、系统的理论著作还比较缺乏。

1.4.2 我国相关研究动态

笔者以"美国"和"遗产廊道"、"遗产区域"等为关键词在中国知网和万方数据库上搜索,结果显示关于美国遗产廊道/区域的专门研究一共有12篇,皆为期刊论文。其中,最早的一篇是由北京大学城市与环境学系王志芳、孙鹏(2001)发表的论文《遗产廊道———一种较新的遗产保护方法》,最先引介了美国遗产廊道的概念、选择标准、法律保障和管理体系以及遗产廊道管理规划应着重强调的内容。此后,王肖宇、陈伯超(2007)通过对黑石河流域遗产廊道经典案例的介绍,归纳、总结出保护这条遗产廊道的方法。朱强、李伟(2007)从美国历史保护运动的发展背景这一宏观角度介绍了美国的遗产区域,回顾了遗产区域的发展历程,从定义、特征与分类三个方面简要评述了其概念内涵,并对遗产区域保护中的几个关键问题进行了讨论。最后针对遗产区域保护方法在中国的发展与应用提出了大胆的设想。汪芳、廉华(2007)从线性空间的角度,将遗产廊道与其他线性空间做了比较,并大胆预测了线性空间的发展趋势。奚雪松、俞孔坚、李海龙(2009)从相对微观的层面,对美国国家遗产区域管理规划编制的有关情况作了简要介绍。

---

1 "HerO-Heritage as Opportunity",以遗产为驱动力的。

闫宝林、李素芝（2010）对美国遗产区域保护进行了概述，指出遗产区域是世界文化遗产保护的新兴领域，是美国用于保护大型文化景观所采取的一种区域化的遗产保护策略，该保护方法在国家与地方层面的推广与延伸，不断促进了美国遗产区域制度体系与管理实施的日益完善。李娟、郝志刚（2011）从国家遗产区域概念入手，介绍了美国国家遗产区域的入选标准，比较了美国国家公园体系与美国国家遗产区域的不同点，对国家遗产区域的历史阶段进行了划分，并总结出美国国家遗产区域保护和利用的经验，期望能为我国区域性遗产保护工作的开展提供借鉴和启示。奚雪松、陈琳（2013）从自然资源保护、历史与文化资源保护、慢行游憩系统完善、解说系统构建、市场与营销策略以及管理体系等六个方面对美国伊利运河国家遗产廊道的保护与管理方法进行了阐述，并对中国大运河的整体化保护与可持续利用方法提出了相关建议。廖凌云、杨锐（2017）研究和评述基于整体保护理念和复杂土地权属而发展的国家遗产区域，文章基于案例分析，从管理体系和保护策略两方面对我国东南地区国家公园体制试点改革提出建议。

在探寻美国国家遗产廊道保护与发展模式过程中，笔者先后以第一作发表了三篇文章，其中《美国国家遗产廊道（区域）模式溯源及其启示》（2014）文章首先介绍了模式的概况，然后详细梳理了该模式出现的时代背景、原因、重要相关事件与时间节点，接着提出该模式对我国遗产区域化保护模式的启示，最后强调我们在借鉴美国经验时，应立足现实国情，而不能盲目照搬；文章《美国国家遗产廊道的动态管理对中国大运河保护与管理的启示》（2015）剖析了美国国家遗产廊道管理模式的动态性特征，并提出了它对中国大运河动态保护与管理的几点启示。文章《美国运河国家遗产廊道模式运作机理剖析及其对我国大型线性文化遗产保护与发展的启示》（2016）首先从模式的管理框架、管理目标、行动策略、运行保障机制四方面对美国运河国家遗产廊道的运作机理做了较为深入的剖析。然后，将保护工作本身提升到文化的高度，从保护技术、组织管理、精神理念三层面分别论述了运河国家遗产廊道模式对我国大型线性遗产保护的启示。最后，对我国"遗产保护文化"建设提出呼吁。

总体来说，目前国内关于美国遗产廊道/区域的专门研究数量还比较少，更多的是套用遗产廊道概念，针对大运河、长城、茶马古道等遗产廊道构建的一些大胆设想和尝试阶段，尚未能为我国在国家遗产廊道层面上提出系统的理论构架和运作方式，但这些研究都为本书提供了非常有价值的学术参考。

1.5　研究工作的设想

本书将以美国运河国家遗产廊道为研究对象，以大量详实、原始的英文资料以及现场调查为基础，全面分析美国运河遗产廊道整合保护和发展模式的目标、措施，并探讨其相关理论基础和法律法规的建设。期望通过全方位、多层次的探索，总结其理论与实践方面的精华，为我国运河遗产廊道以及滨水遗产区域的保护和开发提供可资借鉴的宝贵经验。

本书拟从以下框架着手（图1-1）：

1.6　研究方法与资料来源

1.6.1　研究方法

在本书中，笔者采用以下研究方法：

（1）文献法：

一方面，通过北美地区知名图书馆查阅有关政府文件，以及相关理论研究著作；另一方面，通过计算机网络登录有关网站关注其发展动态，并对其进行梳理、归纳。

（2）实证分析法：

利用在北美访学期间，亲赴北美几条著名运河遗产廊道考察，取得第一手资料，开展相关案例分析。

（3）图表分析法：

运用图表，对各个理论线索及要点加以归纳和表述，以求研究论证过程的清晰明了。

（4）动态化分析：

通过同一案例不同年代之间的比较，分析运河国家遗产廊道在不同制度与资助条件下的保护与发展成果，并提出运河国家遗产廊道平稳运转的制度保证，为未来运河保护与发展工作提供参考。

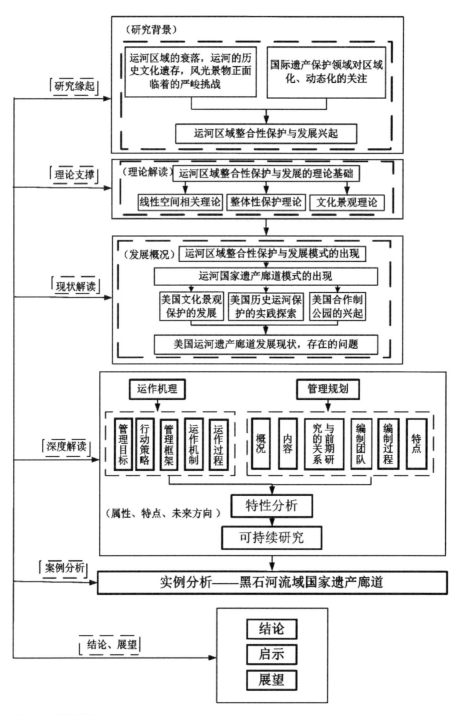

图1-1 研究框架

1.6.2 资料来源与分布

（1）资料来源情况

本书的资料按照重要程度分为核心资料、重要资料、补充资料（表1-1）：

资源来源情况　　　　　　　　　　　　表1-1

文献重要度	文献类型	具体材料
核心材料	政府官方文件	美国国家遗产廊道的计划和相关的报告，标准和技术参考；国家遗产廊道文化遗产与土地利用管理规划，以及各类专项规划；相关研究单位的评估报告
重要材料	期刊和硕博士论文	该领域内近年来发表的重要期刊论文和硕博士论文
补充材料	书，其他相关出版物，网站资源	国家公园局，相关遗产廊道管理委员会编写的书籍；相关网站的一些资料，如一些遗产廊道的介绍、图片等相关规划设计资料

（2）资料分布情况

本书中引用硕博士论文占20%，期刊论文占30%，政府官方文件占40%，书占10%（详见图1-2）。

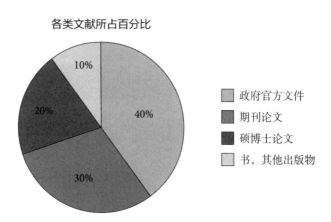

图1-2　文章引用各类文献分布图

第2章　　理论回顾

2.1　相关概念的界定

2.1.1　国家遗产区域系统

国家遗产区域系统是美国为了识别、保护、提升那些与国家重要历史/文化有关的区域，而成立的一个遗产区域集群。它与国家公园系统[1]是两个并列的系统。目前，美国国家遗产区域系统包括遗产区域、遗产廊道、遗产保护委员会、遗产合作伙伴、历史区、遗产线路等多个类型，共49个单位。

国家遗产区域系统的各单位不属于国家公园局下属单位（属于其附属区）。因此，不能使用国家公园的专项资金，但受内政部的委托，国家公园局为遗产区域提供资源调查、规划编制、审查报告等技术援助，并负责将内政部划拨给遗产区域的资金投放到遗产区域，起到资金导管的作用。国家遗产区域与传统国家公园的区别在于（Laven，D. N. & D. H. Krymkowski，2010）：

（1）国家遗产区域试图在景观维度上将经济目标与环境、社会目标整合起来；

（2）国家遗产区域的管理通过合作伙伴结构进行，其日常管理机构通常是一个联邦授权的委员会或非营利组织。国家公园局只是以一个合作伙伴的身份参与规划的制定与实施；

（3）国家遗产区域是一种马赛克的土地占用方式，经常包括城市、郊区和乡村社区。国家遗产区域的认定不涉及任何联邦或其他土地占有方式。同时，国家公园管理局[2]提供资金和技术支持国家遗产区域的管理。

2.1.2　解说

世界旅游组织将"解说"诠释为旅游地诸要素中十分重要的组成部分，是旅游

---

[1] 美国国家公园系统，又称美国国家公园体系，是指由美国内政部国家公园管理局管理的陆地或水域，包括国家公园、纪念地、历史地段、风景路、休闲地等。美国国家公园体系目前包括20个分类、418个单位，（截至2018年10月）总占地面积约3.4万平方公里，占美国国土面积约3.64%。

[2] 文中为了行文方便有时也简称国家公园局。

地的教育功能、服务功能、使用功能得以发挥的必要基础，是管理者管理游客的手段之一（世界旅游组织，1997）。至于其定义，由于不同时代、不同认识角度，各国学者们对"解说"的定义也略有不同，如美国学者墨菲认为：解说是游客参与的一个互动的交际过程，通过使用各种技术手段揭示遗产价值与文化意义，丰富和提升游客体验，加强游客对该地域的理解（Murphy，1997）；英国学者们在《布雷肯灯塔国家公园解说规划》中将解说界定为：是将某地或某事物的重要性传达给人们的过程，以便人们更好地享用它，更好地了解其遗产与环境，催生更积极的保护态度[1]。以上概念都强调解说不同于一般的信息交流。它不强调直接的数字、数据的传递，而是在揭示某个场所或目标信息的过程中，更加强调具体的交流方法，并能够给游客以新的视野和观念（图2-1）。

通过上文对解说概念的比较，我们发现其非常相似，只是在细微处略有差别。其实，这些差别并不奇怪，因为解说的发展经历了一个不断演化的过程。在这个过程中，由于相关学科和行业的发展，解说的内容在不断丰富和发展。近年来，解说目标出现多样化。

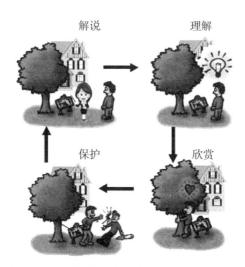

图2-1　解说保护良性互动示意图
（来源：作者根据布雷肯山国家公园管理局解说规划，2007—2010改绘）

1　http://www.breconbeacons.org/the-authority/who-we-are/our-strategies/interpretation-strategy.

有学者将解说的基本目标概括为以下四个方面（Gregory M.Benton，2007）：

（1）建立游客与资源间的连接

最迟在20世纪初，人们已经关注到了解说对人们实践的指导作用，认为解说能够将实践中的经验介绍给人们，从而能够更好地指导实践[1]。因此，解说顺理成章地成为吸引游客，连接游客与资源的工具。

（2）提升环境素养

20世纪70年代后，由于环境意识的提高，环保运动的开展，业内人士期望通过解说来介绍生态环境的重要性，呼吁更多的人保护环境，从而提升整个社会的环境意识，这样就逐渐出现了提升环境素养的目标。

（3）影响游客行为

20世纪晚期，随着社会学和旅游心理学的发展，人们逐渐认识到解说对于游客行为的影响功能，并运用解说防止损伤和破坏环境的行为。从这个意义上来说，解说成了影响游客行为的一种间接的管理工具。

（4）促进旅游业经济效益

由于近年来旅游经济的飞速发展，人们日益注意到旅游，特别是文化遗产旅游对地方经济的巨大贡献，于是想通过文化遗产解说来刺激旅游消费，从而更好地提升旅游经济效益。

总之，如今人们为了不同的目标采用游憩资源的解说。其中，有的只是为了某一单项目标，而有的同时追求多种目标。

本书中，国家遗产廊道的解说主要是为廊道提供更加有效，更具趣味性的现场和非现场演绎。它包括廊道内相关解说资源的收集、整理、相关解说主题的确定，以及受众人群的研究。它既是历史、文化资源传播的重要手段，也是整合保护的重要工具。

2.1.3 利益相关者

目前，关于"利益相关者"一词最初出现的时间学界莫衷一是。有学者考证，早在1708年《牛津词典》就收入了"利益相关者"这一词条，用来表示人们在某一项活动或某企业中"下注"（Have A Stake），在活动进行或企业运营的过程中抽头

---

1 这个时代以1920年出现的著作《环境指导的风险》为代表。

或赔本（Clark，1998）；"利益相关者理论"最初出现的时间也有争议，有学者认为利益相关者理论（Stake Holder Theory）这一思想最初源于19世纪，当时盛行一种协作或合作的观念（Clark T.，1984）。

综合前人研究成果，笔者认为利益相关者理论与管理学、经济学、社会学、伦理学和政治学等多学科相关，很难给其指明一个出处。学界比较普遍的观点认为："利益相关者理论"在管理学领域，最早出现于1963年美国斯坦福研究所的一份内部备忘录中，用来指代"某些群体，没有他们某些组织将无法存在"（Freeman R. E.，1984）。进入20世纪70年代之后，关于"利益相关者"的系统性理论研究开始大放异彩。在企业契约理论的基础上，多纳德逊（Donaldson）、布莱尔（Blair）、米切尔（Mitchell）等一批管理学家提出了利益相关者理论（陈岩峰，2008）。其中，1984年利益相关者理论的先驱美国经济学家弗里曼（Freeman R. Edward）在《战略管理——一种利益相关者的方法》一书中给利益相关者下定义为："一个组织里的利益相关者，是可以影响到组织目标的实现或受其实现影响的群体或个人"（Freeman R. E.，1984）。这个定义后来成为学界比较公认的概念。同时，该书的出版也标志着利益相关者理论正式形成。

遗产廊道的利益相关者有广义与狭义之分。广义的利益相关者是指任何"个人利益"或"法律利益"与遗产廊道计划相关的人。任何在美国纳税的人皆可以被认为是利益相关者。狭义的利益相关者指的是廊道边界内的当地公民或土地所有者。本书中，国家遗产廊道的利益相关者主要是指其狭义的利益相关者及其各合作伙伴。

2.1.4 非营利组织

非营利组织（Non-Profit Organization，简称NPO）是一种公益性社会组织。由于，其在组织形式和活动的内容上，与非政府组织（Non-Governmental Organization，简称NGO）基本相同[1]，国际上常常将它们混用。在官方文件上，有的国家习惯用非政府组织，有的习惯用非营利组织；非营利组织一词较早地出现在美国的官方文件中，且一直沿用至今。

（1）非营利组织的定义

目前，由于官方没有为非营利组织下一个权威性的定义，因此国内外很多学者

---

[1] NGO和NPO分别从政治和利益分配角度来说明社会团体的性质。

们纷纷给出了自己的描述，这些定义或多或少地抓住了非营利组织的一些特征：简单说就是指不以营利为目的的组织。由于其与非政府组织本质上是相同的，此处借鉴联合国为非政府组织下的定义：它是在地方、各国或国际各个层级上组织起来的公民志愿组织，是非营利、非政府、非宗教、非政治性的公益性社会组织（赵黎青，2009）。它们提供各种各样的服务和发挥人道主义作用，向政府反映公民关心的问题，监督政策和鼓励在社区层面上的政治参与。它们是具有独立性质的民间组织或团体，提供分析和专门知识，充当早期预警机制，其设立的目的非获取财务利润，运行的盈利也不分配给个人或成员。它们可以代替国家行使一定的公共事务，甚至通过工作影响国家政策的方向，承担补充性的政府职能（沈海虹，2006）。

（2）非营利组织出现的原因

詹姆斯·盖拉特（James P.Gelatt）将社会运作分为三大部门（图2-2）：第一部门为政府，第二部门为企业组织，第三部门为非营利组织。非营利性组织大致都是指介于公共部门和私人部分之间的领域，它的出现主要是为了弥补商业和政府的不足之处。政府在解决日益增多的社会问题上常显得缺乏有效能力；即使是政府同样有能力做，但是所需经费将较非营利事业多得多（张誉腾等译，2001）。而商业活

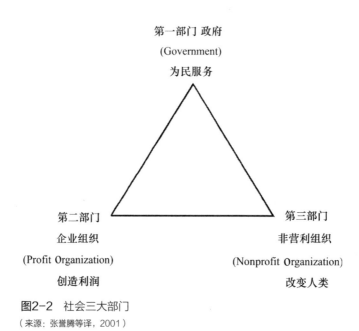

图2-2　社会三大部门
（来源：张誉腾等译，2001）

动为追求目标利润的最大化,也无法全盘顾及社会大众的各种问题。因此,有人认为非营利性组织的兴起可以说是市场与政府失灵的产物,也可以说是第三条道路的成果之一。

(3)美国非营利组织的发展

按照尼尔逊·罗森鲍姆的划分,非营利组织的演进从美国独立战争以后,可分为四个阶段(张在山译,1991):

①民众互助阶段

从清教徒时期直到20世纪初期,凡是政府不提供的服务或者民众也做不到的事,都由邻居之间互相照顾。因此,在此期间,民众自组救火队,农民帮助邻居建造谷仓(如今在乡间或某些教区仍然如此)。这种互助模式过去(现在也还会)曾适用于利益一致的社会团体,适用于有"祸福与共"人生哲学的团体,以及一般而言经济水平较低的社会团体。

②慈善赞助阶段

美国繁荣以后,工业革命将财富集中于少数家族手中。这些富有家族发展出一套慈善赞助模式,这种模式对在20世纪初对于美国的教育文化事业的帮助,确是功不可没。

③人民权利阶段

接着经济大恐慌来临,美国政府出钱成立社会机构,推行各种社会工作计划。许多社会工作团体认为他们有权要求政府至少支持部分资金,因为他们的工作是为了整个社会利益。

④竞争与市场阶段

前三个阶段的非营利事业是靠私人互助,富人慷慨解囊,以及联邦政府、州政府、市政府的资助。今天的非营利事业已确认再也不能依靠这种传统的互助,而必须自谋出路。因而更重视自身健全的管理,加强工作人员及经理人的专业化,全力谋求本身收入的自给自足。

2.1.5 协同管理

协同学理论是由德国斯图加特大学理论物理学教授哈肯在研究激光理论的过程中逐步形成的。1977年,《协同学导论》的发表标志着其理论框架的正式确立。该理论主要研究协同的本质、协同的结构、协同的描述模型、协同的作用、协同的研究方法和支撑工具以及应用等。序参量是协同论的核心概念，而役使原理则是协同论的基本原理之一（郭治安，1988）。哈肯将协同学定义为：协同学是研究复合系统的科学。该复合系统是由大量子系统通过非线性作用产生相干效应和协同现象而构成的具有一定功能的空间、时间或时空的自组织结构（凌复华译，2005）。

协同学以系统论、控制论、信息论、突变论等为理论基础，并以结构耗散理论为借鉴，采用统计学和动力学相结合的方法对不同领域进行分析对比，建立了一整套数学模型和处理方案，揭示了各种系统和现象都是从无序转为有序的共同规律，并提出了多维相空间理论（靖大伟，2011）。

在管理学领域，1965年著名的战略管理专家伊戈尔·安索夫（Igor Ansoff）在《公司战略》一书中率先提出了协同的概念。安索夫指出，这种使公司的整体效益大于各独立组成部分总和的效应就称为协同（H.Igor Ansoff，1965），俗称"1+1>2"效应。协同管理的核心目标是为了实现这种协同效应。这种协同效应是系统的各组成要素通过相互作用与协调配合产生序参量，这种序参量主宰支配着系统朝稳定、有序的方向发展，这时系统整体的功能将会成倍地增长或产生放大效应（靖大伟，2011）。后来日本战略专家伊丹广之对协同进行了进一步的界定，他把安索夫的协同概念分解成了"互补效应"和"协同效应"两部分，认为协同的定义仅限于对隐形资产的使用，是一种发挥资源最大效能的方法（秦远建，蔡程，2006）。

本书中，国家遗产廊道的协同管理是指由多个合作伙伴为了廊道保护与区域提升这一共同目标，共享现有资源，协同一致，最终通过共同努力达到整体效应大于部分之和的结果。不同于简单的协调、协作，它要求各合作伙伴尊重对方，了解彼此的文化，共享控制与决策，保持交流，积极分享信息，平静地对待分歧。

2.2 相关理论的梳理

2.2.1 线性空间相关理论

（1）公园道（parkway）

"公园道"（parkway）这个术语在美国，最早出现在1866年，奥姆斯特德（Frederick Low Olmsted，图2-3）和卡尔弗特·沃克斯（Calvert Vaux，图2-4）给纽约布鲁克林展望公园（图2-5）委员会的一份报告里，在报告中奥姆斯特德和沃

图2-3　奥姆斯特德　　　　图2-4　卡尔弗特·沃克斯
（来源：http://olmsted.org）　（来源：www.olmsted.org）

图2-5　展望公园局部

克斯分析在布鲁克进行公园规划的好处，也畅想公园和公园道在日益增长的城市里的未来前景。报告建议为这个公园建一条两边有成排树木，为私人马车通行的公园道（Loukaitou-Sideris A. & R. Gottlieb，2005）[1]。

1　1868年1月1日，这个题为《公园道概念》的报告发表在奥姆斯特德文集中。

报告很快得到了展望公园委员会的认可。于是，同年奥姆斯特德与沃克斯合作规划设计了历史上第一条公园道。建成后，把该道路两边原先已有的分散、独立、零星、规模不一的天然和人工绿地衔接起来，形成了一个统一规划、系统完整、网络化的城市绿地系统，为行人和骑自行车者提供了专用的绿色通道，也保护了城市生态环境。整个设计思想体现了崇尚自然、以人为本的精神，迎合了19世纪美国人民追求自由、民主的理念。由于，其突出的生态、美学、游憩价值，公园道受到了人们很高的赞誉。随之，"公园道"的理论与实践逐渐传播开来。

在以后的若干年里，随着城市的不断发展，公园道的交通和休闲功能也随之不断变化。公园道在美国的发展大致经历了三个阶段（Orlin G. S.，1992）：

第一阶段（约1850—1910年），这个时期的公园道以营造林荫道般的愉悦驾车环境为目标，创造一些散步和驾车的舒适长廊。这个阶段的早期还没有汽车，直到末期才出现汽车，但数量还非常少。此时，休闲和审美方面的考虑优先于交通功能。规划者希望公园道的建设，能够使城市更加美丽、健康和令人振奋。

第二阶段（约1910—1930年），公园道主要分布在溪流、城市的边缘，以及乡镇，允许少量的汽车交通。此时，交通与休闲的使用大体保持平衡，车的速度和流量还不足以破坏公园的宁静和自然美。规划师希望公园道能对高度密集的城市核心区能起到疏散和缓解作用。

第三阶段（约1930—1950年），公园道景观化，不再强调休闲，城市去中心化加剧。准入制度和立体交叉被广泛接受。这个时期，公园道几乎就是景观化的公路，其功能几乎就是交通——提供驾车者一个宜人的通勤环境（卡车曾一度禁止进入）。到1950年以后，卡车又获准进入，此时的公园道与一般的高速公路几乎没有任何明显的区别。

（2）绿道（greenway）

"绿道"是由英文单词"greenway"翻译而来，国内也有学者将其翻译成绿色廊道，但更多的学者将其翻译成"绿道"。按照罗伯特·西尔斯对"greenway"的解析，它是由"green"和"way"两个词根组合而成。"green"暗示着和植物相关，起码是与自然紧密相连，而"way"则意味着运动，从一处到另一处，从一点到另一点。这是绿道的重要特征——它是人、动物、物种、水流的运动线路（Searns R. M，1995）。

绿道的理论与实践也经历了一个不断发展、进化的过程。其过程较为复杂，因此国内学界经常出现关于"绿道"与其他一些线性空间概念的混用。所以,笔者认为有必要对其发展脉络做一次较为详尽的梳理。

此处,笔者借鉴罗伯特·西尔斯将绿道的发展脉络归结为三个阶段的理论,结合自己的研究心得,对这三个阶段进行深入阐述。

第一阶段:绿道的前身与早期探索——景观轴线、林荫大道、绿带、公园道(约公元前1700—公元1960)。

按照罗伯特·西尔斯的观点,绿道的前身最早可以追溯到公元前1700年左右的欧洲景观轴线(Axes)和林荫大道(Boulevards)。19世纪初,奥姆斯特德到欧洲游历,从欧洲林荫道中受到启发,于是创造了另一种线形空间——公园道(Parkway),公园道对绿道概念的形成起到了直接推动作用。因此,它被认为是绿道概念形成的重要源头之一[1]。

19世纪末20世纪初,由埃比尼泽·霍华德(Ebenezer Howard,图2-6)在其伦敦规划中提出来的绿带(Greenbelt)概念,也在一定程度上启示了美国绿道理论与实践的发展。如查尔斯·利特尔(Charles Little)在《美国绿道》(Greenway for America)一书中所说,如果将"greenway"按照音节划分,"green"来自于"Greenbelt",而"way"则来自于"parkway"(Charles Little,1990)。这种说法虽然有些牵强[2],但在一定程度上也说明"Greenbelt"和"parkway"对现代绿道概念

图2-6　埃比尼泽·霍华德
(来源:Moss-Eccardt, John, 1973)

1　所以,目前国内很多学术刊物中将这两个概念混用,其实也没有全错,只不过早期的公园道强调的更多的是其美学与休闲价值,而现今的绿道,随着生态与环境科学的发展,其生态学意义更为人们所关注。
2　虽然,绿带与绿道非常相似,但它们是两回事。绿带主要起缓冲与分割作用,而绿道除了缓冲之外,还欢迎人们沿着它开展游憩活动。

形成的重要影响。

19世纪末，在城市规划领域的绿色线形空间概念，如1892年纽约州的阿迪罗戴克公园地区（Adirondack Park Region）被认为是绿线（Green line）理念的起源，因而也被视为现代绿道理念的起源。

对绿道运动推动最大的事件，要数1878—1895年间，奥姆斯特德建立的名为"翡翠项链"的波士顿城市公园系统（图2-7，图2-8）。这一长达16km的公园链，是美国第一个公园系统，也被誉为美国第一条真正意义上的绿道。

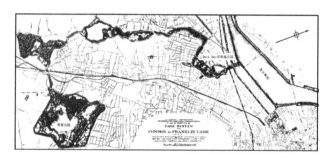

图2-7　翡翠项链公园平面图
（来源：http://olmsted.org）

图2-8　翡翠项链公园局部

这个阶段可以被认为是现代绿道的前身或早期探索。这些"绿道"的设计主要作为四轮马车、骑马、行人的通道，同时也具备一定的休闲功能。

第二阶段：以"游道"为导向的休闲的绿道（约1960—1985年）。

20世纪后半叶，随着工业社会的发展，现代运输方式、出行方式的转变，绿道的形式也有了相应的变化。此时，汽车在美国日益普及，许多道路逐渐被机动车辆占据，以骑马、步行、骑车方式休闲的人们迫切希望找到一条既能够摆脱汽车噪声和尾气污染，又安全的非机动化线路。20世纪60年代后，货运重心从铁路转移到卡车，许多铁路被遗弃，此时兴起了把铁路变成游道（Rail-Trail）的运动，于是另一种类型的廊道出现了——废弃的铁道沿线形成的绿色通道。随后，还出现了一些沿煤气管道、供电和供水管道两侧绿道系统。

20世纪60年代末，威廉·怀特（图2-9）[1]有感于汽车对人们生活的负面影响，可能成为了当时创造出"greenway"一词的第一人（Charles Little，1990）。70年代中期，"greenway"这一概念第一次用在一个重大的建设项目上——普拉特河（Platte River）绿道。这个阶段绿色通道的重要特征是徒步行走、骑车，远离机动车辆，沿着水道（包括河流、小溪、海岸、运河渠）的绿道大量出现。此时，"绿道"一词在文学作品，建筑业和园林界开始频繁出现。

第三阶段：多目标绿道（约1985—）。

经过20世纪60年代和70年代的发展，到1987年美国总统委员会有关户外空间报

图2-9　威廉·H·怀特
（来源：https://www.goodreads.com）

---

[1] 1917年生于美国宾夕法尼亚州，1999在纽约逝世。他是美国著名的社会学家、新闻记者和人类研究学家；是美国关于城市、人与开敞空间方面最有影响力和最受尊敬的评论家之一。

告中才第一次以官方的名义引用了"绿道"一词。这标志着绿道概念被官方正式接纳。自此,"绿道"成为人们公认的行业专门术语。

这一术语的出现,把包括"公园道"在内的所有沿着自然廊道,起到保护生态,美化环境,供人游憩的自然景观和人工景观囊括在内。

在这个过程中,包括法布斯(Fábos, J. G.)在内的很多学者都给绿道下过定义,其中最有影响的要数,查尔斯·利特尔在其经典著作《美国绿道》中为绿色通道作出了权威性定义:绿道就是沿着诸如河滨、溪谷、山脊线等自然廊道,或是沿着诸如用作游憩活动的废弃铁路线、沟渠、风景道路等人工廊道所建立的线性开放空间,包括所有可供行人和骑车者进入的自然景观线路和人工景观线路。它是连接公园、自然保护地、名胜区、历史古迹,及其他与高密度聚居区之间进行连接的开敞空间纽带。

查尔斯·利特尔认为绿道主要包括以下5种(Charles Little,1990):

- 城市河流(或其他水体)廊道;
- 休闲绿道,如各种小径和小道;
- 强调生态功能的自然廊道;
- 景观线路或历史线路;
- 综合性的绿道系统或网络。

纵观而论,当代绿道概念形成的原因是多方面的,查尔斯·利特尔说:"如果论某一个人对绿道的贡献最大的话,那当然应该算劳·奥姆斯特德。"另外,霍华德关于开放空间规划的理论,飞利浦·路易斯的"环境廊道"观念,以及近年来的生态规划理论的实践和倡导者们(如:麦克哈格)也对当代绿道运动起到了巨大的推进作用。除了以上这些专家学者的理论与实践探索推进以外,一些保护组织召开的国际会议也对这一术语起到了推介和强化的作用,如1998年1月由废弃铁路改作步行道保护委员会(Rails-To-Trails Conservancy,RTC)组织召开的全美第一届有关游步道和绿道的国际会议,也是绿道发展过程中具有里程碑意义的活动。

(3)风景道(Scenic Byway)

风景道是一个较为宽泛的概念,因此很难给它下一个十分准确的定义[1]。其概念有广义和狭义之分。广义的风景道是指"具有交通运输和景观欣赏双重功能的通

---

[1] 如,在1991年美国交通部的一份关于风景道的报告中,也曾提到对风景道给出一个准确的定义是困难的。

道"。"Scenic Byway","Scenic Road"和"Scenic Highway",甚至是"Parkway"都属于广义的风景道。而狭义的则专指路旁或视域之内拥有风景、自然、文化、历史、考古学价值,值得保存/修复/保护/提升的,具游憩价值的景观道路(余青等,2006)。如,俄勒冈经济发展部1990的文件中,将其描述为一个线性目标区域的风景廊道,其中包括各种各样的景点。这些景点应体现和代表这一目标区域的最高质量。风景道规划应该让游客了解和欣赏这高质量的风景,是游客眺望风景、名胜古迹和获得游憩体验的极佳场所。游客俯瞰时应可以看到风景廊道的主要特征(Brunswick,1995)。此外,另有材料显示"Scenic Road"不属于这种狭义的风景道。因为,"Scenic Road"指一般的景观道路,而狭义的风景道对景观价值有特殊的要求。目前,狭义风景道的官方用语中主要用"Scenic Byway",由于风景道的前身是公园道,所以有时也用"Parkway"。

美国"Scenic Byway"一般有以下几种形状(图2-10):

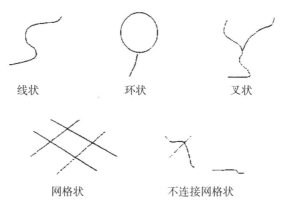

图2-10 风景道的几种
(来源:Shane.Elansen,2002)

当前,美国已经形成了一套较为完善的国家风景道体系(National Scenic Byways System,图2-11)。该体系包括国家、州和地方三个等级的风景道。在国家级风景道中,又分泛美风景道(All-American Road)和国家风景(National Scenic Byway)两种风景道形式。国家对"National Scenic Byway"有比较高的要求:首先,所有国家风景道都必须包含一种或更多的具有内在质量的资源;第二,他们还必须完成一个廊道管理规划,以保护和提升他们的资源;第三,他们必须表现出执行这

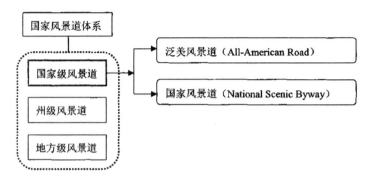

图2-11　美国国家风景道体系
（来源：宫连虎，2010）

图2-12　美国泛美风景道与国家风景道分布图
（来源：http://byways.org/）

些规划的组织能力（Kelley W. 2004.）。同时，国家也有一些比较明确的资助政策。

目前，美国共有泛美风景道（All-American Road）31条，国家风景道"Scenic Byway"120条（图2-12）[1]。

（4）游道（Trail）

"trail"，在国内有时被翻译成"小径"，本文中采用国内较为普遍的译法——游道，主要指用于游憩的慢速交通线路，可以分为陆地游道与水路游道

1　http://byways.org/press/listbyways.html.

| 水游道 | 山岳游道 |
| 人行与自行车游道 | 铁路游道 |

图2-13　几种常见的游道

（图2-13）。其中，陆地游道又可以分为山岳游道，一般陆地游道（人行与自行车游道）和废旧铁路改建的游道。这些不同种类的游道也可以开展慢步、跑步、骑自行车、溜冰[1]、划船、观光等不同的游憩活动。

游道通常与绿道并称为游道/绿道，是因为绿道通常都会包含游道，游道一般作为绿道的骨架。二者相比，绿道更注重生态功能，而游道主要服务于游憩活动。

对于游道来说，只有当它们互相连接时，才能产生更大的休闲便利与游憩效应。此外，基于安全的考虑，它一般自成系统不与机动车型道路交杂。因此，从图上看其一般都是封闭的网络。

从形状上来看，游道线路主要有以下几种（图2-14）：

1　加拿大渥太华的丽都运河的有一段8公里的河面滑冰游道非常受人们欢迎。

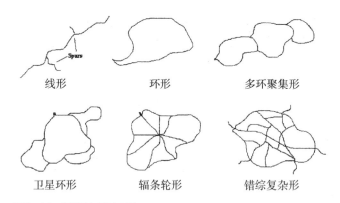

图2-14 游道的几种形状
（来源：Kevin Gerhardt Gray, 2005）

本书中主要涉及自行车游道和纤道游道两种类型。

（5）文化线路（Culture Route Or Culture Line）

随着对文化遗产保护工作认识的不断深入，人们从早先对点状遗产的关注逐渐发展到对区域化遗产的关注。保护手段由静态关注到动态监测。为了弥补世界遗产操作指南中文化与自然之间的裂隙，1992年世界遗产委员会将文化景观确立为世界遗产的一个类型。接着，1994年在西班牙马德里召开的世界文化遗产专家研讨会，形成了对文化线路进行阐述的《专家报告》。随后，1998年国际古迹遗址理事会（ICOMOS）在西班牙特内里弗召开会议，会上成立了国际古迹理事会文化线路科技委员会（CIIC），专门负责文化线路类遗产的研究和管理。文化线路科学委员会的成立标志着文化线路作为新型遗产理念得到国际文化遗产界的广泛接受。2003年文化线路被正式写入了《世界遗产公约操作指南》。

文化线路是指一种陆地道路、水道或者混合类型的通道，其形态特征的形成与定型基于它自身具体的历史动态发展和功能演变；它代表了众多迁徙和流动，代表了一定时间内国家和地区内部或国家和地区之间人们的交往，代表了多维度的商品、思想、知识和价值的互惠和持续不断的交流；还代表了因此产生的文化在时间和空间上的交流与相互滋养，这些滋养长期以来通过物质和非物质遗产不断地得到体现（李伟，俞孔坚，2005）。

（6）几种线性空间与遗产廊道的关系

本书中的美国国家运河遗产廊道是一种遗产区域化保护模式，它不是某一种具体的道路形态。它通常会包含绿道、游道、风景道等线性空间，在这一点上它与文化线路有些相似。但遗产廊道与文化线路也有很多不同之处。如，遗产廊道的概念主要发源于美国，尽管近年来其他国家也纷纷效仿，并采用了同样的名字（Heritage Corridor/Area），但做得最系统，最有影响的还是美国，而文化线路可以分为世界遗产文化线路和一般文化线路。另外，在功能上文化线路主要专注于文化遗产的保护，而遗产廊道是集保护、发展于一身的区域振兴手段。

2.2.2 整合保护与发展理论

整合保护与发展理论的出现，与人类对保护与发展理论的认识，系统理论的发展，以及现代管理手段的进步都有着密切的联系，下面从以下几个方面对其展开论述：

（1）对保护的认识

①对自然保护的认识

从19世纪美国自然保护与公园运动开始，人类对自然保护的认识经历了懵懂、理性、自由三个阶段。世界环境与发展研究所的著名学者让勒诺等人提出了现代保护运动的精英、民粹、新自由主义三种模式（Jean enaud S.，2002），此处笔者结合自己的理解将其论述如下：

第一阶段："精英"式保护

19世纪的自然保护、公园运动随着工业革命对生态系统造成的急速破坏而来。其典型的模式就是采取国家公园的形式对原始栖息地进行封闭式保护。这种模式在某种程度上的确对生态与自然资源的保护产生了一定的积极意义。这在当时看来是对原始自然栖息地保护的一种创举，被称为"精英"式的保护。然而，事实上当时真正意义上生态学学科还没有建立起来，对公园的边界等问题的确立经常是出于主观和功利的考量。它对生态、自然资源进行割裂的，孤岛式的保护，同时也开创了迫使原住民搬迁的先例。它剥夺了原住民利用当地自然资源的权利，改变了他们原先依赖自然生存的方式。因此，它从一开始就暗藏了环境和社会公平等许多问题。客观地说，它是人们对生态与自然知识懵懂状态下，面对快速到来的工业化破坏的巨大恐惧，而做出的应急反应。

第二阶段："民粹主义"保护

20世纪70年代末，迫于"精英式"保护的社会压力，加之自然与生态知识的发

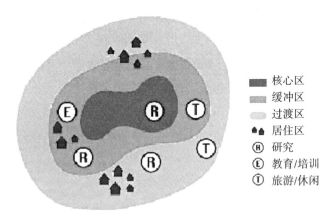

图2-15 生物圈保护模型结构
（来源：转引自Candice Carr Kelman，2010）

展，人们在对人与自然的关系进行深入思考后有了新的认识，逐渐发现保护与发展不是绝对冲突的。因此，也没有必要将二者完全割裂开来。加之，70年代末联合国教科文组织"人与生物圈模式"（图2-15）的创建，将保护区划分为核心保护区、周围缓冲区、外部过渡区进行分级管理，使这个阶段的保护更加趋于理性。客观地说，民粹主义保护是人类对自然保护认识的飞跃后，对早期"精英"式保护的反省与修正。

第三阶段：新自由主义的保护

90年代以后，受到后现代思潮的影响，人们的思想出现多元化，人的生计、社会公平与正义，以及土著的权利等社会问题日益成为人们关心的话题。人们除了对荒野的关注外，也对身边的乡土景观产生了浓厚的兴趣。此时，保护地体系更加趋于完善与科学。在自然、文化资源规划管理和设计过程中，更加重视基层社区的参与。这种社区参与的模式吸引了大量民间资本与人力的投入。整体上，这个阶段表现出人们对自然保护的处理更加成熟、稳健和自由。

纵观世界，人类从1970年代以前对自然区域的孤岛化保护，到1980年代后自然保护方法的初步形成，再到1992年委内瑞拉的第四届世界国家公园和保护地大会，人类对自然保护的认识由最初的"孤岛化保护"到"保护地体系的完善"，经历了一个漫长的过程，美国自然保护运动只是这个过程中的一个缩影，但它对推动自然资源与环境保护的体系化作出了不朽的贡献。

②对文化遗产保护的认识

近年来，由于保护哲学的变化，人们从过去单体、静态地看待历史与文化遗产，转变为予遗产以空间维度、时间维度的整体观照，从单纯追求文化价值转向综合考虑环境、经济，乃至社会价值。在这一点上美国表现得尤为突出。

美国关于保护的英文表述的变化，恰好就反映了从"单一"保护向"整合"保护转变的学术动态。在英文中，"Conservation"与"Preservation"都有保护的意思。早期，美国遗产保护领域偶尔会将这二者混用（Jokilehto J.，2006）。其实，它们是差异很大的两个概念。近年来，随着保护研究的深入，这个两概念间的关系变得越来越清晰。"preservation"的行为常和单体建筑相关，它主要用于保持建筑物原始状态的结构，防止其腐朽，是一种静态保护的形式，它限制变化，因此常译作"保存"；"Conservation"强调建筑环境的整体性，以及在建筑环境内发生的动态变化。其旨在传达一种历史感，同时支持变革，连接过去、现在和未来的变化和价值，是动态的、开放的保护，它常将遗产保护与生态环境保护，以及其他目标进行整合考量。正如学者乔其雷铎所说，"现代的conservation并不意味着回到过去，而是在现有文化、物质和环境资源的现实和潜能中，要求勇于承担可持续地人类发展"（Jean enaud S.，2002）。

正如哈默所说，"一旦保护超越单个建筑物，规划就会发挥作用"（Hamer D.，2000）。当前我们对文化遗产的保护也不再那样单一了，而会多维度、多利益主体的整合规划、考量。遗产区域不是自治区带，而是一个整体、动态的保护，因此对于它的保护我们通常使用"conservation"一词。

（2）对发展的认识

由于，西方传统的人地伦理中通常认为人是万物的尺度，人是万物的主宰，造成了人类中心主义的发展观。在西方工业文明初期，当机械化大生产给人类带来快速经济增长时，人们对自然的控制欲曾一度膨胀，认为人类已能够彻底摆脱自然的束缚，能够完全驾驭自然、主宰自然，从而处处表现出对自然的蔑视，形成了人统治和主宰自然的错误观念。然而，科技的进步也是一把双刃剑，在给人类带来丰厚物质资源的同时，也很快给了人类严厉的教训。20世纪60年后，人类逐步认识到经济的片面增长并不意味着社会的发展。因此，进入20世纪70年代，出现了"发展目标社会化"的概念，这种发展观将"增长"和"发展"区分开来，"增长"主要是指经济增长，而"发展"不仅包括物质增长，还包括以物质增长为基础的整个社会政治、文化诸因素的进步，发展应该是多元化目标之间的平衡。这种发展观更多地强调了人们对发展成果的分享和社会公平。正如美国著名政治学家塞缪尔·亨廷顿在其《发展的目标》中所概括的那样，发展应包括：增长、公平、民主、稳定、自主五大目标。

在人类有了以上的认识后，1972年在斯德哥尔摩举行的联合国人类环境研讨会上正式探讨了可持续发展的概念。之后，1987年世界环境与发展委员会发表了《我们共同的未来》报告，标志着可持续发展观的正式形成。接着，1992年的联合国环境和发展大会的召开，标志着世界各国已经着手将可持续发展由理论推向行动。

可持续发展要求经济、社会与环境的协调发展，其核心思想是经济发展应当建立在社会公正和环境生态可持续的前提下，既满足当代人的需要，又不对后代人满足其需求的能力构成危害。这种将"自然—经济—社会"三维系统、眼前利益与长远利益高度整合的协调发展观的出现，对整合保护与发展理念的形成产生了巨大的推进作用。

（3）系统论的发展

除了上文中提到的，人们对保护与发展本身的实践探索与理论研究外，20世纪的系统论发展对整合保护与发展也产生了巨大的推动作用。无论是20世纪40年代贝塔朗菲的"一般系统论"，还是20世纪90年代美国圣菲研究所提出来的"复杂适应系统论"，都强调"整体大于部分之和"的概念。这二者中，后者扬弃了前者，对区域性整合保护与发展模式的出现起到了更大的理论支持。

（4）现代管理手段的发展

自从1960年代以来，人们逐步意识到保护区内部各要素之间，以及资源保护运动和规划控制之间的密切联系，并将管理作为一种价值手段赋予保护区，通过为其制定科学的管理指南、法律身份、保护等级，将现有资源充分整合，并协调好保护与发展的关系。

2.2.3 文化景观理论

作为地理学的一个分支——文化地理学对文化景观关注已久。至于，遗产保护角度关于文化景观的考量，如前文所述，是随着20世纪早期对自然、历史保护，以及环境问题认识的不断深入，而逐渐发展起来的。

1962年，联合国教科文组织第31次全体会议通过、采纳的《关于保护景观和古迹之美及特色的建议书》，清晰地表达了对景观的关注，"人类在各个时期不时地使构成自然环境组成部分的景观和古迹的美及特色遭受损害，使得全世界各地区的文化、艺术甚至极重要的遗产濒于枯竭"（韩锋等译，2005）。这表明国际遗产保护领域已经关注到了景观作为遗产的价值。在1964年通过的《关于古迹遗址保护与修复的国际宪章》（威尼斯宪章）中，又强调："历史古迹的概念不仅包括单个建筑物，而且包括能够从中找出一种独特的文明、一种有意义的发展或一个历史事件见证的城市或乡村环境。"[1] 然而，在随后的若干年里，对景观遗产没有取得突破性的进展。尽管，1972年联合国教科文组织制定的《保护世界文化和自然遗产公约》的第一条就强调"人与自然的共同作品"，但是它是对自然、文化遗产分开识别、保护的，没有将景观作为一个遗产类型加以观照。

对文化景观产生实质性推动的，是20世纪70年代晚期人们对乡村景观价值认识的发展。由于西方社会城市化的发展，将原本向往自然，喜欢户外运动的西方人长期禁锢在钢筋水泥的森林里，导致了他们对自然、乡野环境的越发渴望，于是不断地出现了乡村、海滨类项目遗产申报，尴尬的是这些项目无所适从，屡屡碰壁，最著名的案例要数英国湖区在1986年和1989年的两次世界遗产申报，但是对于这样一种既有历史文化渊源，又有自然乡村风光，人文与自然密不可分，同时仍然不断有机演进的富有集合意象的遗产，在当时的操作指南中找不到对应的提名标准（韩锋，2007）。

在这样的背景下，国际遗产保护界逐渐将目光扩大到了文化景观的视野，开始整体考虑自然和人类共同作用的结果，及其附带的联想因素和动态变化过程。如，1984年世界遗产大会上提出了纯粹的自然地已经十分稀少，更多的是在人为影响之下的自然地，即人与自然共存的区域，这些区域中有相当一部分具有重要价值（如东南亚、地中海的梯田景观，欧洲的葡萄酒庄园）。接着，1987年世界自然保护联盟（IUCN）、国际古迹遗址理事会（ICOMOS）和联合国教科文组织（UNESCO）的专家们再次讨论乡村景观的问题。这次会议指出，文化遗产定义中包括了具有杰出普遍价值的人与自然共同的杰作这一类型，但自然遗产并不包括这一类型，因为他强调未受人类干扰的自然状态（周年兴等，2006）。在随后的几届世界遗产大会上，也讨论了类似项目的登录问题时，但在现有的条目中依然没有合适对应。

---

[1] 第二届历史古迹建筑师及技师国际会议.关于古迹遗址保护与修复的国际宪章（威尼斯宪章）[R].1964.

进入20世纪90年代后，文化景观的保护取得了显著的进展。1992年10月，世界遗产中心会同国际古迹遗址理事会与世界自然保护联盟，在法国的拉贝第皮埃尔召开关于"将文化景观纳入《世界遗产名录》"的专题研讨会。在这次会议上，对《世界遗产操作指南》提出修改意见，讨论了新修订的文化遗产评估标准，并总结出文化景观遗产的定义、分类和提名等方面规定。同年12月，在美国圣菲召开了第16届世界遗产委员会，会议上通过了对操作指南的修订，增设了文化景观类别，并制定了相应的标准。

　　现今，文化景观增设到世界遗产门类中，已经有20几个年头了。关于文化景观，虽然世界各国在一些具体细节上有一些分歧，但文化景观的观照维度的确在世界、国家、地方的遗产保护中产生了不小的影响，让一大批珍贵的资源得到了拯救。

第3章　美国国家遗产廊道概述

运河国家遗产廊道作为实现区域经济、社会、文化全面振兴的重要手段,其涵盖了区域文化与自然资源保护,社会、经济发展几方面的内容,要想对其概况有个比较深入的研究,我们首先必需将目光集中到美国历史/文化景观保护这个大的学科领域,然后再进一步认识美国运河文化景观的历史与现实意义,最后聚焦美国国家遗产廊道/区域发展的历史脉络及其现状。

3.1 美国文化景观保护的发展历程及其特点

较之中国和西欧诸国,美国是一个非常年轻的国家。然而,在历史/文化景观保护方面,美国却走在了世界的前列。美国的遗产保护历程与世界上其他国家一样,也经历了单体建/构筑物保护、历史街区保护、历史/文化景观、区域整合保护的发展过程。

在"文化景观"这一概念被美国官方正式接纳以前,美国区域尺度的文化遗产保护经历了"历史景观"阶段。要弄清美国文化景观保护的历程,我们有必要首先对"历史景观"与"文化景观"这两个概念做个探究。

3.1.1 美国历史景观与文化景观的关系

(1)历史景观(Historic landscape)的概念

历史景观是一个缺乏精确定义的概念,通常附属于文化景观体系,如罗伯特(Robert Z. Melnick)提出:历史景观可以被定义为文化景观的一个类型,这一类型的景观与特定的人物、事件及特别重要的历史时期相关联(Melnick R. Z., 1981)。历史景观涵盖的内容相当宽泛,包括居住区环境(Residential Grounds)、纪念性场所(Monument Grounds)、公共建筑环境(Public Building Grounds)、花园(Garden)、小型开放空间(Minor Public Grounds)、战场(Battlefield)、墓地(Cemetery)、街道景观(Streetscape)、公园(Park)、历史性村落(Museum village)、城区（District）、城镇（Town）、史前遗址（Pre-historic site）、公园体系（Park System）等18个子类型（吴祥艳，付军，2004）。

（2）文化景观（Culture landscape）的概念

文化景观是自然与人类的共同作品，具有多种多样的形式。世界遗产委员会颁布的《操作指南》将其划分为三种类型：

①由人类有意设计和建造的景观（Clearly Defined Landscape）；

②有机进化的景观（Organically Evolved Landscape）；

③关联性文化景观（Associative Cultural Landscape）。

美国国家公园管理局将文化景观分成四大类：

①历史遗址（Historic Site）；

②历史设计的景观（Historic Designed Landscape）；

③历史乡土景观（Historic Vernacular Landscape）；

④人类学景观（Ethnographic Landscape）。

美国"文化景观"的概念与世界遗产委员会"文化景观"的概念看似稍有不同，但实质上两者差别不大。其中，由人类有意设计或建造的景观都是两个分类系统所共有的；有机进化的景观的两个亚类（残遗物或化石景观和持续性景观）与美国历史乡土景观研究的对象非常接近。关联性景观则与人类学景观研究的范畴非常类似。

（3）两者的关系

从上面的概念，我们不难看出，美国历史景观保护的对象就是美国文化景观保护对象的一部分。历史景观秉承了历史建筑、历史街区、历史环境的脉络，主要还是以单体和空间环境的物质形态为研究对象。文化景观的概念更加宏阔，保护的对象也更加宽泛，它在关注物质空间形态的同时，更加关注人类的文化传统，以及与人类情感相关的非物质形态的内容。可以说，美国早期的历史景观保护活动正是美国文化景观保护的起源。因此，不可分而论之。所以，下文将其表述为"美国历史/文化景观保护发展"。

3.1.2 美国历史/文化景观保护发展的简要历程

回顾美国历史/文化景观保护的历程，笔者将其大致概括为：历史景观概念的萌芽期、历史景观概念的成长期、由历史景观向文化景观演化期、文化景观概念的

形成期4个阶段:

第1阶段 历史景观概念的萌芽期（20世纪20—30年代）

20世纪20—30年代，是历史景观保护的萌芽期。在此期间，景观的历史意义首次得到关注（以往仅限于技术和美学两个角度）。此时的经典保护案例，是殖民地威廉斯堡项目。1926年在原布鲁顿教区长古德温博士的倡议下（图3-1），约翰·洛克菲勒（John D·Rockefeller）投资筹建了"殖民地威廉斯堡基金会"，开始修复和重建18世纪威廉斯堡（William Sburg，位于弗吉尼亚）的原貌。花园部分的修复由亚瑟（Arthur A. Shurcliff）[1]等景观建筑师指导完成，这个项目被业界公认为美国最早的历史景观保护项目（图3-2）。

1931年，美国颁布了第一个区域保护法令（地方法规），在南卡罗来纳州的查尔斯通成立了美国的第一片历史保护区。1933年，另一个保护区在新奥尔良的维尤克斯卡尔（Vieux Carre）创立。此外，自20世纪30年代始，弗吉尼亚州和其他一些州的花园俱乐部在保护南北战争前的历史园林方面也做了大量工作。

第2阶段 历史景观概念的成长期（20世纪40—60年代）

这一阶段除了上文提到的，由地方颁布的《查尔斯通历史区保护法》之外，罗德岛、宾夕法尼亚等州也先后颁布了《州历史区保护法》。在以上几部《州历史区

图3-1 古德温与约翰·洛克斐勒在讨论威廉斯堡重建
（来源：Rockefeller Archive Center，1928）

图3-2 威廉斯堡的总督府
（来源：Tishler W H.，1979）

---

1 奥姆斯特德的学生。

保护法》的基础上，1966年6月15日，美国颁布了《国家历史保护法》。它的颁布标志着历史街区尺度的保护工作有了法律上的依据和指导，是区域保护方面的一大推进。但历史街区保护登录的主要还是建筑空间的细节。此时，历史街区的文化/历史意义还是较少受到关注（直到20世纪80年代建立农村历史街区认定，这种情况才有所改观）（Chalana M.，2005）。

第3阶段　由历史景观向文化景观演化期（20世纪70—80年代）

20世纪70年代，景观成为美国历史保护的新兴领域。然而，此时景观保护的主要工作仍然是在建筑保护的后期，对建筑外环境做相应的美化和协调处理（Buggy S.，1998）。重要的是，从此时起逐渐出现了景观保护组织的萌芽。1978年，一些专家在印第安纳州新和谐（New Harmony）举行研讨会，主张创建历史景观保护联盟。同年，美国景观设计师协会（ASLA）成立了一个历史保护委员会，将景观分为三大类：设计的景观，人文景观和自然景观（Murtagh，1988）。

20世纪80年代初，国家公园局（National Park Service）开始认识到历史/文化类景观可以作为一种资源保护类型单独存在。于是，1981年发布了第一版《文化资源管理导则》（国家公园局28#指令），这个指令正式承认文化景观作为一个单独的资源类型。之后，文化景观保护开始逐渐成为文化遗产保护的焦点。此时，景观保护的最大特点是从美化和重建转向恢复，并伴随着保护项目规模和数量的增加。此时，历史保护运动依然由建筑师和建筑历史学家统治，焦点还是围绕建筑和城市历史区域，对文化景观的保护还是知之甚少，主要通过历史、考古研究和技术开发来探索景观保护方面的实践知识，积累经验，保护尺度从单一场所向大环境发展，如城市历史区域、设计的公园、公园道和乡村区域。随后，1989年国家公园局公布了题为《评价和记录农村历史街区导则》的国家注册公告，用以讨论乡村历史景观的特征，并推荐了相关的调查研究方法（Chalana M.，2005）。

第4阶段　文化景观概念的形成期（20世纪90年代）

20世纪90年代至今，景观保护已经成为保护运动的主流。由于90年代初的经济衰退，新的建设项目逐渐减少，修复和再利用变得更为常见。景观建筑行业在历史景观保护上找到了新的兴趣点。生态和文化旅游的出现也同时拓宽了景观保护的执业范围。

1992年，美国内政部扩展了《内政部长的历史遗产保护标准》，将景观保护包含在内，题为《文化景观处置导则》。这标志着"文化景观"概念被美国官方正式接纳，并成为其保护的一个类型。这无疑为景观保护打了一剂强心针，加速了景观保护的发展进程，也扩大了景观建筑师的工作领域。此后，保护运动逐渐关注大尺度、复杂的景观项目，如遗产区域/廊道和相关文化景观。

1994年，国家公园管理局扩展了《文化资源的管理导则》（NPS-28），以包含国家公园系统内的文化景观管理程序导则（Slaiby, B. & N. Mitchell, 2003）。此外，在20世纪90年代中期，国家公园管理局研发了文化景观研究、规划和管理的两项工具。其一是1994的文化景观清单（CLI），它是关于文化资源位置、历史、发展、景观特征、特色与相关管理的数据库。另一个叫文化景观报告（CLR），是管理和利用景观的指南（在历史保存报告中，经常被称为"处置"）。1996年，国家公园管理局正式确定文化景观的定义为：一个地理区域（包括文化和自然资源、野生动物或家畜在内），与某个历史性的事件、活动或人相关，或者体现了其他文化、审美价值（美国内政部，1996）。1999年，国家公园管理局出版了一份文化景观报告指南。

3.1.3 美国文化景观遗产的特点

由于历史较短等各方面原因，美国高标准的单体文化遗产并不是特别丰富。因此，它的保护重点主要集中在对历史遗址、遗迹（早期主要以国家公园的方式进行），或者是以历史遗址、遗迹与自然遗产整合保护的国家遗产区域模式。这种遗产区域模式的出现标志着美国在大规模的，以社区为中心的，跨越行政区的自然和文化资源保护方面的一次重要飞跃。某种意义上说，遗产区已经成了文化资源评价、处理观念，由小尺度转向景观尺度的主导力量之一。美国国家遗产区域主要包括较大尺度的独特资源，可以是河流、湖泊或山脉等自然资源类型，也可以是运河、铁路、道路等文化资源类型（历史性交通廊道，历史工业区），或传统乡村景观。除了上述三类外，也有少数遗产区域建立在战场遗址[1]、海岸带等类型的文化景观[2]基础上。

美国文化景观保护模式具有以下特点：

（1）注重自然、文化遗产的整体保护，并努力实现其平衡

对文化遗产实施整体性保护的理论并非由美国首创，但在具体的保护过程中，

---

1 如美国的仙纳度谷地战场国家历史区（Shenandoah Valley Battlefields National Historic District）.
2 如密西西比湾国家遗产区域（Mississippi Gulf Coast NHA）.

美国成为这一理论最为忠实的实践者。这一点很可能与美国遗产保护始于自然遗产保护有关；美国文化景观保护工作一直在随着时间演变，而不变的是实践者一直在工作中寻找历史/文化与环境的平衡点。

（2）注重对无形文化遗产及传统民俗的保护

口述史学在美国的兴起为无形文化遗产的保护作出了重要贡献，让美国较早地注意到了无形文化遗产的保护。与西方社会偏重物质文化遗产保护的传统相比，其非物质形态文化遗产的保护正在逐渐成为当代文化遗产保护领域中一个亮点。

（3）注重文化景观保护与利用的结合

由于后现代主义思潮等一些因素的推动，近年来文化的商品化和大众化趋势在欧美明显加强，文化遗产旅游逐步在世界范围内流行开来，并成为推动世界旅游业迅速发展的重要因素之一。早在1996年世界旅游组织就估算出文化旅游约占当时全部旅游的37%，而且其需求正以每年15%的速度增长（Richards G.，1996）。这一点在美国表现得尤为明显，讲求实效的美国人很快就从保护民族历史的本能或建立民族认同的冲动中，捕捉到了历史角色作为吸引旅游、发展经济的手段，并开展了大量的成功实践。

3.2　美国运河文化景观的历史与现实意义

3.2.1　美国运河建造的历史

由于美国疆域辽阔，族裔众多。建国之初，美国在政治上仅是一个松散的联盟，在地理上各州被山脉、森林、河流所阻隔，交通状况整体上十分落后，为了加强各地之间，尤其是东西部之间的政治、经济联系，提高国家的凝聚力，独立战争刚刚结束后，美国各地就掀起了一场轰轰烈烈的"运输革命"[1]。这场交通运输建设革命大致历经了三个阶段，即修筑公路[2]阶段（大约从建国至1830年代）；开凿运河阶段（大致从1815年—1860年代）；兴建铁路阶段（1826年—1910年代）（李昌新，卢忠友，2007）。税道的出现主要是为了辅助江河运输。由于税道运费太高，不适

1　当时美国称作"内部改进"（internal improvement）。
2　主要是私有设关卡的收费大道，即"税道"。

合谷物、木材、煤、矿石等笨重物资的长途运输。之前，英国运河热带来的巨大效益早就让美国人艳羡不已。1807年罗纳特·富尔顿成功地将蒸汽机应用于航运，对水上交通工具做出了巨大改进[1]，这在一定程度上也促进了人们对内陆航运的越发向往，于是不断派人前往欧洲学习运河建造技术。恰好，美国境内河流湖泊纵横交错，水系发达，水道之间相距也不遥远，这为美国人构建一体化的内河网络提供了极大的便利。修建运河以连接自然河流和湖泊，通过水路让偏远的定居点与大西洋沿岸相连无疑成为最廉价，也是最实际的选择，这很快成为美国建国初的一大政治共识。

美国第一次建造运河的认真尝试，始于刚刚独立后不久后的18世纪80年代。虽然，当时他们在这个新国家的很多地方都确立了建造运河的计划，但是由于缺乏资金与必要的组织能力，这些项目中的绝大多数都没有得到启动。其中，建成的有南卡罗来纳州的桑蒂运河（Santee Canal）、马萨诸塞州东北部的米德尔塞克斯运河（Middlesex Canal）等。这些运河的建造成功，为其他州建造更长水道提供了巨大的鼓励。

美国运河建设的伟大时代始于1812年战争[2]结束后。在1825年完成的伊利运河（图3-3）是这些人造水道中，迄今为止最有影响的。它从奥尔巴尼到布法罗，将可通航的哈得孙河与伊利湖连接了起来，开辟了五大湖地区通向大西洋的航道，绵延363英里。从此，西北部的农产品通过这条运河源源不断地送往东部沿海口岸。伊利运河开凿成功，很快让人们看到了它带来的巨大商机和利润，于是全国各州纷纷效仿，先后修筑了沟通南北，连接东西水路交通的大小几十条运河。如，1826—1834年开凿了连接费城和匹兹堡的运河。1832年印第安纳州修筑的沃巴希——伊利运河，它连接了伊利湖与俄亥俄河，全长450英里，是美国当时最长的运河。此时已形成了从纽约一直通到新奥尔良的内陆水道。这个时期南部各州的运河修筑也迅速发展，1828年弗吉尼亚完成了迪斯马尔——斯旺普运河（张玲蓉，2003）。使全国又掀起了轰轰烈烈的运河开凿运动，历史上称作"运河时代"。此时，运河几乎将当时国土面积内的所有州连接在了一起。据估计，1830年美国运河总长为1270英

---

[1] 这种汽船的速度比木帆船快得多，从而使航行的时间大为缩短。从路易斯维尔到新奥尔良木帆船顺水行驶要28天，返程逆水行驶则要90天，而汽船只分别需要12天和36天。
[2] 1812年战争，又称第二次独立战争，是美国与英国之间发生于1812—1815年的战争，是美国独立后第一次对外战争。美国独立战争结束后，英美之间的主权之争并未停止。作为英国殖民地的加拿大省，人口稀少，防御松懈。美国欲向北扩张，并且期待加拿大居民将美国军队视为解放者。

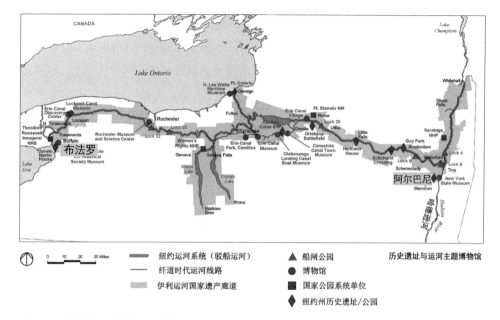

图3-3 伊利运河区域平面示意图
(来源：ECNHC Commission，2005)

里，到1840年则猛升至3320英里（顾学稼，1992）。

3.2.2 美国运河建造的历史意义

运河的迅速发展给美国带来了经济、政治，甚至工作和生活方式的巨大变化。

（1）建立了有效的工商业基础设施，促进了沿运河城市的快速发展

运河的开通使原本高昂的运输费用大幅度下降，加强了内陆工厂与原材料产地间的联系，也方便了制造商将自己的产品运向东部海港。如1吨糖，陆路从蒙特利尔运到布法罗要花25美元，而从纽约通过运河只要5.5美元（Meyer B. H. & C. E. Macgill.，1917）；也为马萨诸塞州的洛厄尔，纽约州的罗切斯特，新泽西州的帕特森和乔治亚州的奥古斯塔等一批新兴的工业城市提供了水能动力。

总而言之，运河的开通促进了沿河城市的工商业快速发展。如，伊利运河的通航，使原先比费城和波士顿都小的纽约迅速发展。纽约城在10～15年时间内面积扩大了一倍，把原来比它大的波士顿和费城远远地抛在了后头，使其永远望尘莫及。

（2）增加了就业机会，稳定了社会，加强了国家的凝聚力

大量运河的通航成功地迎来了西进运动中群众性"大迁徙"的第一次浪潮,促使成千上万的新英格兰农场主,以及大西洋中部各州的拓荒者放弃或卖掉他们的土地,移民西部。这为他们大大拓展了生存与发展的空间;新兴运河工业城市的发展,让那些辗转各地为美国建造运河的欧洲移民,在运河两岸的工厂里工作,农田里耕作,并逐渐定居下来,繁衍生息。这在一定意义上也促进了美国的民族团结和社会稳定,加强了国家的凝聚力。

(3)提升了美国的工程建造技术水准,培养了大批建造人才

大量运河的建造(图3-4,图3-5),为美国工程技术发展产生了两方面的推进作用:一方面,运河时代为美国引进和孕育了土木和机械工程方面的许多创新产品。如,能在水中变硬的水下混凝土等;另一方面,修建运河时需要大量的工程师设计和监理师,它为美国培养了大量工程技术人员。因此,有人说伊利运河是美国的第一个"工程学校"。

运河航运虽然有价格低廉的优势,但也有其自身的很多缺点。如,运河只能在那些水资源充沛的地方建造,并且容易受到水灾和旱灾的困扰,需要不断维护。另外,每年有三分之一的时间,运河会受到冰冻的阻隔,不具备通航条件。

从19世纪40年代起,运河的开凿速度已开始逐渐放缓。到19世纪中叶,蒸汽机车铁路技术已日臻完善,铁路运输较之运河运输有更快捷,较少受自然条件限制等与生俱来的优势。于是,运河航运逐渐淡出历史舞台。到1900年,几乎所有美国纤道运河都被关闭,并逐渐被遗忘,只有部分通航条件较好的运河还在沿用。

图3-4 伊利运河施工现场(约1900年)
(来源:http://www.americancanals.org/)

图3-5 运河维护人员在为特拉华运河修补缺口
(1912.08)

(来源:http://www.americancanals.org/)

回想那轰轰烈烈的美国运河时代，不管是那种骡马牵引的纤道运河，还是宽敞的汽轮运河，在当时都为移动笨重货物提供了有效的手段；为民族的团结，国家的统一、振兴作出了不朽的贡献，可谓是经济的催化剂，政治和情感的纽带。如今，昔日的辉煌已不复存在了，但它依然是美国抹不去的历史。

今天，运河成为了文化延续的血脉，遗产保护的廊道，生态与自然资源保护的重点对象，游憩的绝佳去处。它将廊道区域内的人和故事串联在一起，叙述过去，畅想未来，努力成为区域振兴的灵魂。

3.2.3　美国运河文化景观的现实意义

（1）民族文化身份的认同

独立前，美国的民族主义主要表现为摆脱母国政治压制和经济限制、争取民族独立的政治斗争，而独立后的美国民族主义则更多地表现为寻求民族特性和文化独立的文化民族主义。文化的民族主义，使得美国的知识分子群体在国家独立后迫切希望文化独立，拥有自己的文化身份与价值标准。因此，美国人在建国初期曾极力寻找并塑造属于这个新兴国家自己的英雄，强调英雄对美国的巨大影响和象征意义，以增加美国人的民族自豪感与国家认同感（谢延光等译，2009）。

欧洲拥有古城、古堡、庄园和庄严辉煌的教堂等显著的艺术和人文遗产，美国人有什么能和它们相媲美呢？美国人环顾自己的国度，最终发现了西部辽阔的荒野，并将其确立为民族精神的象征。

虽然，西部的荒野在某种程度满足了其实现精神胜利法的需求，但并不能安顿其文化自卑的敏感神经。美国的历史大多分布在东部大西洋沿岸的13州地区。这里有老移民们最早登岸的码头，最初的首都，大量征战线路，尤其是历史运河，以及沿运河分布的最早的工厂以及工业村镇，这些运河曾经缔造了美国东部的纽约、波士顿等一批重要的城市，是美国往日的黄金水道，也是美国移民文化的摇篮。所以，对这些运河文化景观的保护是对美国短暂而稀有历史的重要延续，也是对美利坚民族自信心与自豪感的极大鼓舞。

（2）区域振兴的需要

如前文所述，20世纪60年代后这些运河大多不用于航运，很多成了人们收纳生活、工业废弃物的渠道，有的甚至被填埋，环境恶化，原先面河而居的人们转为背河而居。运河废弃以后，原先沿运河开展的各种经济活动也逐渐衰落了，致使大量人口迁出昔日辉煌的运河城镇，整个河流廊道呈现出颓废与暗淡的迹象。

运河文化景观的保护，可以通过环境的改善，廊道历史的述说吸引人们对它的关注，从而实现区域经济复苏和社会进步。

3.3 美国国家遗产廊道发展的历史脉络

遗产廊道是遗产区域的早期形态，后来随着遗产区域类型的丰富，遗产区域成为一种大类的保护模式。事实上，遗产区域与遗产廊道是主体与分支的关系。在实际操作中，美国国会是将其作为同种类型的项目授权，只不过名称上略有不同，其基本属性几乎完全相同。宏观层面，许多官方文件中都采用"遗产区域"这一统称。微观层面，在一些具体线性遗产项目的授权法里，以及官方网站上都采用"遗产廊道"字样，以便强调该项目的线性特征。

基于它们来源上同根同源，基本属性相同的特点，下文在探讨遗产廊道的来源时将用廊道/区域的表述方式。

3.3.1 遗产廊道/区域模式出现的原因

如前文所述，遗产廊道/区域是将遗产作为一种统一的力量，将整个区域范围内的多种目标整合在一起的区域化管理模式。它的出现也同样是综合因素作用的结果。因此，对这种模式出现原因的探讨有一定难度。

从目前学界已有的一些研究成果来看，由于出发角度的不同，往往仁者见仁，智者见智，尚无一个全面、权威的论断。有鉴于此，本章节拟就这一问题，分别从6个方面作进一步的探究：

（1）传统国家公园的土地收购模式受阻

"传统的国家公园"主要分布在美国西部地区，特别是远西部地区[1]，这里的大部分土地都为联邦政府所有，因此不需要购买就可以建立国家公园或纪念地。而美国东部地区土地大部分属于私人所有，少数公有土地与私有土地混杂分布。因此，东部公园的建立首先面临着"土地"从何而来的问题。

---

1 密西西比河以东只有一个阿卡迪亚国家公园（Acadia，缅因州，1919）。

在国家公园东扩过程中，"传统国家公园"的土地收购模式受到两方面的阻碍：一方面，受到人们情感上的抵触。从公园界限范围内的原住民来说，纵观美国国家公园的历史，当联邦政府拟将某个地区确定为国家公园时，当地的居民皆视之为厄运的到来。因为，传统的国家公园是建立在土地的联邦所有制基础上。这就意味着住在公园范围内的居民将要离开他们的土地。如果他们留下来，很可能会面临着明显的使用和发展限制，等相邻社区搬走以后，他们的社区将慢慢"死去"。如果他们的生计依赖联邦土地上的矿藏或牧场的话，命运将会更加悲惨（Hamin E. M., 2001）……从一般美国民众来说，他们不愿意建立很多传统意义上的国家公园。因为，传统意义上的国家公园主要是保护美国西部的一些荒野地区，因为荒野在美国文化和生活中有着重要的意义。荒野在美国民族主义者和爱国主义者的眼中是民族文化特性的象征。如果将整个国家公园系统（或国家公园体系）视为一顶王冠的话，那么这种传统国家公园就是这顶王冠上的"宝珠"。人们认为公园数量的扩张稀释了国家公园的血液，冲淡了国家公园的总体价值浓度，也会影响它在人们心中的地位。所以，它就应该是凤毛麟角的，而不是遍地开花的；另一方面，经济上负担过重。国家公园局用于土地收购的资金——土地及水土保持基金（LWCF）成立于1964年。最初，该基金的收入来源有三个：多余的联邦不动产出售收益、摩托艇燃油税、联邦土地的休闲使用费（Ligibel T. J., 1995）。1968年以后，外大陆架的矿产租赁收益也用作此资金。土地及水土保持资金高峰发生在1979年，由国会拨款3.69亿美元，到20世纪80年代，拨款大幅下跌了。1981年新执政的里根政府和国会主张对现有公园的恢复和改善，而不支持创建更多的公园。1995年克林顿政府时期，国家公园局的拨款的水平是零，这个水平维持至1999年。到2000财年，才拨款4000万美元作为基金。为了使更多人获益并从国会得到最大支持，国家公园系统不断向东扩展。在向东延伸的过程中，虽然有像洛克菲勒家族这样的慈善家，通过捐款和捐地的方式帮助解决了一些土地问题，国会授权在阿巴拉契亚地区先后建立了几个国家公园，如1926年的仙纳度（Shenandoah）、1934年的大烟山（Smokey Mountain）、1941年的猛玛洞穴（Mammoth Cave），在慈善家们12年的努力下，逐步取得了这些土地并将他们移交给了国家公园管理局。但美国东部，特别是阿巴拉契亚山以东地区，人口密集，土地大多为私人所有，显然在这些地区采用土地收购的方式是很难奏效的。

（2）国际经验的学习，区域模式的参考

遗产廊道/区域保护模式在美国出现绝非偶然，它在很大程度上得益于对西方区域化保护经验的借鉴与参考。如前文所述，美国"绿道"理论的雏形得益于奥姆斯特德早年对德国林荫大道的考察。美国"现代绿道"理论的成熟少不了流行于英国与威尔士等国家/地区绿道或绿带理论的影响。近年来，除了相关管理与设计人员的个人考察、游历学习之外，一些国际组织也频频组织交流活动，对这方面的知识与经验起到了巨大的推介作用，如国际自然保护联盟、乔治·赖特协会[1]、历史保护联盟[2]、国际博物馆协会等。国家公园局管理人员经常参加这些组织举行的各种国际会议，于是流行于欧洲的遗产旅游、伙伴制公园理念不断传入美国。

（3）国家公园概念的衍生，过渡管理模式的出现

国家公园的概念，从创立伊始就不是一层不变的，而是不断演化，衍生出许多新的类型。

学界普遍认为，国家公园概念的最初设想是由一位名叫乔治·卡特琳（George Catlin）的画家提出来的。1832年，在他去一个名为达科塔斯（Dakotas）的印第安人部落的路上，看到了美国西进扩张带给印第安文明和野生世界的巨大摧残，他对此深感焦虑，觉得这些地方应该得到政府的保护，但他并未对这一概念进行规范的定义和严格的界定，仅是一种粗略的构想。

1872年，美国国会通过了《黄石法案》（Yellow Stone Act），建立了黄石国家公园，标志着国家公园这一概念正式应用于实践。这种国家公园通常被称为狭义的国家公园，是指直接冠以"国家公园"之名、拥有独特的自然地理属性的大片自然区域，也包括少数重要的历史文化遗产保护地。在这些地区实行严格的保护，狩猎、采矿和其他消耗型活动被严格禁止。也就是本文所说的"传统国家公园"的模式，起初这种模式的国家公园以保护自然景观为主，但随着被保护地的扩大，保护内容逐渐趋于全面。

---

1 乔治·赖特协会是研究人员、管理人员、管理者、教育工作者和其他专业人士组成的一个致力于公园、保护区、文化/古迹研究的一个非营利性协会。乔治·赖特论坛是乔治·赖特协会杂志。自1981年以来出版的乔治·赖特论坛致力于公园，保护区和文化遗址，跨学科的查询。
2 1978年6月在印第安纳的New Harmony，在人文基金会（National Endowment for the Humanities）资助下，来自美国和加拿大的20个交叉学科的专业团队，集中讨论了"在历史保护过程中景观的作用和景观保护的新方向"，与会者一致同意成立历史景观保护的非正式联盟——历史景观保护联盟（AHLP）。通过每年的年会，年会通讯和一些日常交流，在过去30年里，历史景观保护联盟已经为北美地区景观保护领域的相关工作起到了桥梁的作用。

19世纪后期，要求保护公共土地上史前印第安遗迹和文明的呼声高涨了起来。国会开始对这一遗址进行保护，1889年命名了亚利桑那州的卡萨格芮地（Casa Grande）遗址。1906年又建立了具有壮观史前悬崖居所的"台地"（Mesa Verde）国家公园。同年，通过的《古迹法》授权总统可以不经国会同意即建立国家纪念地（National Monument），以迅速拯救那些可能毁于经济开发浪潮中的历史遗址。此时，国家公园由"传统国家公园"的单一模式衍生出"国家纪念地"模式，出现了国家公园体系的萌芽。

1930年，胡佛总统签署法令建立了华盛顿诞生地（Washington Birth Place）和约克镇（York town）两个"国家历史公园"，并将它们归入国家公园体系。

1933年，国家公园体系的扩张达到了一个高峰。这一年，西奥多·罗斯福总统将大部分的保护地都交由国家公园管理局管辖，包括原由陆军部和农业部管理的军事公园和国家森林保护地，标志着"国家公园体系"（National Park System）正式形成。

国家公园体系在建立的过程中，衍生出很多公园类型。这些衍生类型是根据具体保护对象的需要性而采取的变通方法。他们较之传统的国家公园来说，在土地构成和管理模式上有了很大的不同。土地构成上逐渐演化出联邦与私人土地信托合作、联邦与私人土地所有者合作等多种模式[1]。管理上，由国家公园局单独管理，逐渐演化出合作伙伴制等协同管理模式的公园类型。这种在土地构成模式和管理模式上的变革，为以后遗产廊道/区域模式的出现进行了预演。

（4）现代科学的影响，整体保护理念的产生

20世纪60年代以后景观生态学、保护生物学等关于生态环境保护的新兴学科相继兴起。同时，该领域的一些富有影响力的著作，如麦克哈格的《设计结合自然》等不断问世，GIS技术等景观生态规划的科学方法不断出现。这些新兴学科、理论对国家公园的保护产生了巨大的影响，使人们由原来注重园内风景资源单一价值，转向通过科学的资源监测、管理，开展生态系统的整体性研究。

在国家公园这样一个大的区域内，生态保护与文化、历史保护往往是紧密联系，不可分割的。随着时间的推移，人们逐渐将这种整体保护的思路不自觉地带入

---

[1] 在20世纪60年代和70年代，俄亥俄州的凯霍加国家游憩区（现在是国家公园），宾夕法尼亚州的特拉华水口国家游憩区，纽约和新泽西的盖特威国家休游憩区，加利福尼亚州的金门国家休闲区域，都包含大片的非联邦所有土地。

第3章 美国国家遗产廊道概述

了文化与历史保护领域。加之人类生态学,文化人类学的影响,在20世纪60年代末和70年代中期的历史保护主义者、规划师、景观建筑师逐渐改变了决策者看待人、土地和环境之间的关系。生态环境、历史文化,以及其他一些保护目标,被逐渐整合到了一起。在随后出现的"新型国家公园"——"国家遗产廊道"中的整体性思维就来自于此,"廊道"一词也明显是来自景观生态学的"斑块—廊道—本底(基质)"理论。

(5)社会的发展,人们对新型公园的需求

20世纪60年代后,随着生活水平的提升,人们渴望得到更多的游憩机会。西部壮美的自然风光固然优美,然而路途遥远,在这个逐渐老龄化的社会,人们只可偶尔为之,不可常得。于是人们将视线从遥远的自然风景转向那些人口众多,自然、文化和经济多用途的土地,希望通过这些接近他们生活的区域获得休闲和教育的场所。人们渴望永久地徜徉在这样美丽的景观中,而不是以探险或猎奇的方式获得公园的体验。于是,一些"活态的"和"工作的"乡土建筑和日常景观逐渐成为人们关注的对象。新型公园的需求日益强烈起来。

(6)综合社会因素

在遗产廊道/区域模式出现的过程中新闻媒体[1]、作家,以及州际高速公路的建设,民间保护组织的发展壮大,政府对民俗与非物质文化的重视,区域规划协调机构[2]的大量出现也为遗产廊道/区域模式的出现铺平了道路。

3.3.2 与遗产廊道模式出现相关的重要事件

在遗产廊道模式形成的过程中,有很多标志性的相关事件。从来源上看,它们有的是政府决策,有的是研究机构或个人活动;从关注角度上看,有的是文化角度的,有的是科学角度的,有的是经济角度的,不一而足。总之,它们都是遗产廊道模式出现的重要历史节点,下文尝试按照时间的先后顺序,将其一一列出,并简要说明其对于遗产廊道模式形成的意义。

---

1 如1981年,8月"华尔街日报"对伊利伊州运河建造"遗产廊道"想法给予了突出报道的,两个星期后的芝加哥太阳日报的社论赞扬其"想象力"和概念的"吸引力",称之为极大的创造性想法。参考:伊利诺伊州和密歇根运河国家遗产廊道IMCNHC ROADMAP PART 3: History of the Corridor。
2 如1922年成立的区域规划协会(RPA:Regional Plan Association)和部分为解决某一方面问题而成立的政府公共权力机构,如纽约港权力机构,后来更名为"纽约与新泽西港务局"(Port Authority of New York and New Jersey)。1960年代以后,一批政府联合会(COG)的诞生。

1949年8月31日，美国历史保护国民信托基金会（National Trust for Historic Preservation）正式建立。这个组织日后为国家遗产廊道中心街（主街）振兴方面做出了巨大的贡献。

1956年，在艾森豪威尔总统领导下，国会通过了加快州际系统建设的《公路法》。这个《公路法》是美国州际高速公路建设史上的里程碑，它将州际系统全名改为"全国州际与国防高速公路系统"，将总长度增加到"66010"公里，规定设计与施工要采用全国统一标准（熊京民，韩春华，1995）。这些高速公路的建设，有利于人们更好地访问其他社区，将自己社区的景观和文化与之比较。加强了区域间基础设施的联系，一定程度上促进了区域间的整合。

1961年，国会以联邦、州、市和私人土地拥有者的合作模式，授权成立"科德角国家海岸"。为了与这种新型的国家公园相匹配，国会对科德角国家海岸授权法做了多项革新，被称为"科德角模式"。如，在当地政府采取的区域条例不违背国家公园管理局意图的情况下，国家公园管理局不得限制其自由发展。另一个创新是科德角公园咨询委员会的成立，它为解决这个"多所有者"和"多利益相关者"区域所产生的问题，提供了一个长久的论坛。"科德角模式"是早期合作伙伴制国家公园的一次重要尝试（Barrett B.，2003）。

1966年《国家历史保护法》的诞生，推动了国家遗产区域概念的衍生，后来也成为国家遗产区域规划的重要法律依据之一。

1968年，联邦户外休闲局在完成了评估康涅狄格河流域建立一个国家休闲区域可行性的研究。该研究报告确认"一个优秀的历史、教育和文化遗产，高品质的风景游憩资源需要公共和私人行动的协调和相互关联"（Bureau of Outdoor Recreation，1968）。该建议提出了一个多目标的，围绕遗产价值实施整合性伙伴关系的方法（Eugster J.，2003）。

同样是1968年，时任美国总统的林登·约翰逊签署通过了《国家自然与风景河流法案》。1972年，尼克松总统签署了《海岸带管理法》。这两项法律的颁布，表明国家领导人对一些特定地方的土地使用的不利影响表示特别关注，为沿海和河流廊道为基础的工作创建了基本框架。

1969年国会设立"美国工程记录"，通过测量和解说性绘图，大幅面的照片、文字等方式记录美国工程、工业和技术遗产。这项工作是用来登录工业遗产，提高人们的遗产保护意识，以协助国家和地方保护历史文物和遗产方面的工作。

1974年国会授权建立"凯霍家流域国家游憩区域"。凯霍家流域国家游憩区域是在完全没有现成联邦土地的情况下,通过低价收购土地或地役权的方式控制了约18000公顷的土地。在获得土地的过程中,国家公园局遭到了当地土地所有者的强烈反对。建设的过程中许多历史悠久的定居地区被淘汰,空置住房被拆除,除了休闲,这里不作任何其他使用。具有讽刺意味的是,他们在得到了一个美丽公园的同时,也失去了与原有农业社区遗产的最后链接。可以说凯霍家流域国家游憩区域可以作为国家公园建设的分水岭事件,从那以后国家公园管理局开始认识到较大的景观可以作为一个相互关联的文化整体进行观照。在一定程度上,凯霍家流域国家游憩区域的教训加速了遗产廊道/区域概念的诞生,尤其对随后出现的伊利诺伊—密歇根运河遗产廊道的形成产生了巨大的推动(Ligibel T. J., 1995)。

1974年,在宾夕法尼亚大学景观系伊恩·伦诺克斯·麦克哈格教授的带领下,组建了一个由生态学家和文化人类学家的团队,在宾大开设生态规划与设计的研究生课程。这是生态学理论与方法在景观规划设计方面的较早尝试,标志着生态学的整体性思维已经在风景资源规划领域应用,具有划时代的意义(Eugster J., 2003)。

1975年,当时的美国国会研究局作家查尔斯·利特(Charles Little),为美国国会拟定了一份名为《绿线公园——城市地区保护休闲景观的一种办法》的报告。报告中概述了需要一个新的办法来获取和管理城市公园。

1976年创造美国民间生活中心,通过研究项目、文献档案收集整理、提供参考咨询服务、现场表演、展览、出版和培训等方法保存和展示美国民俗生活遗产,表明当时的政府已经开始着手民俗与非物质文化遗产的保护(Eugster J., 2003)。

1978年,国会成立洛厄尔国家历史公园和洛厄尔历史保护委员会。洛厄尔国家历史公园(Lowell national historic park,图3-6)项目被遗产保护区域运动的相关单位视为国家公园局的一个试点。在这个项目中,国家公园局作为合作伙伴和州以及当地政府一起加入到廊道委员会中来,管理这个区域。它是依托运河的工业遗产保护项目,与运河遗产廊道的血缘关系非常近,有人戏称其为运河遗产廊道的"表兄"。它是运河遗产廊道模式形成过程中的一个重要里程碑(Ligibel T. J., 1995)。

1979年《国家野生与风景河流法》被修改,设立技术和财政援助计划,以帮助州和地方政府保护重要的河流廊道。遵循一个助人助己的理念,国家公园局开创了

图3-6　洛厄尔国家历史公园

图3-7　里根总统签署P.L.98-398
（来源：http://www.nationalheritageareas.us/）

河流游道计划。

1980年国家中心街计划着眼于保存历史悠久的商业建筑，美国社区建筑环境的构造，从而振兴历史和传统的商业区。

1981年的环境质量委员会（CEQ）发表的一份名为《景观保护与发展：一个不断演化的公共土地征用新方式》的报告，阐明需要找到一种方式来保护国内面临城市化的重要景观。这个报告构建在绿线公园理念基础上，使用适当的联邦角色探讨连接保护和发展的新方法。

1984年8月24日，里根总统签署了《伊利诺伊—密歇根运河国家遗产廊道法》（P.L.98-398）标志着国家遗产廊道模式正式出现（图3-7）。

3.3.3　遗产廊道的分类、特征，及其现状

（1）遗产廊道的分类

①遗产廊道按照等级分，大致可分为国家级与州、县级

国家遗产廊道就是由国会授权并拨款资助，国家公园管理局负责技术指导的大型遗产区域。州、县遗产区域是州与地方层面的遗产区域，如马里兰州（Maryland）的加勒特县遗产区域（Garrett County Heritage Area）等。

②按照主题来分

按照主题遗产廊道可分为：文化遗产廊道、运河遗产廊道、山岳遗产廊道等类型。

（2）遗产廊道的判别标准

遗产廊道的概念和特点决定了在选择遗产廊道及其保护对象时，首先应在线性景观中进行选择。其次，应遵循以下4个标准（Flink C. A. & R. M.Searns，1993）：

①历史重要性，是指廊道内应具有塑造地方、市县或国家历史的事件和要素。评价历史重要性要了解当地景观的社会、宗教和民族重要性以及该地的居住模式或社会结构是否影响着当地社区或社会；

②建筑或工程上的重要性，是指廊道内的建筑具有形式、结构、演化上的独特性，或是特殊的工程措施；

③自然对文化资源的重要性，是指廊道内的自然要素应是人类居住地形成的基础，同时也影响整个廊道。评价廊道内的自然重要性要了解以下几点：当地自然景观在生态、地理或水文学上的重要性；所研究的区域是否具有完全、基本未被破坏的自然历史；场地是否由于人类活动和开发而受到改变；哪些自然要素是景观的主体，决定着区域的独特性；

④经济重要性，是指保护廊道是否能增加地方的税收、旅游和经济发展等。

（3）遗产廊道的基本特征（Daly J.，2003）：

①有一个地区中心和地理边界；

②有一个管理实体，可以是合作组织、非营利组织、委员会、管理局，它们通常都是地方管理，负责遗产区域的规划指导和实施；

③有一个管理计划，规定了一个远景，确定了目的和目标，概述了实施策略，并分配了各合作伙伴责任；

④创建了为形成和实施项目和方案所必需的公、私、非营利组织之间的合作伙伴关系；

⑤当地居民在设计目标和战略上发挥着重要的作用；

⑥地方的文化和自然历史以各种方式被应用于解释和沟通，以表明该区域的重要性；

⑦实施游道和廊道等地区链接活动，修整和恢复重要的建筑和遗址。

（4）国家遗产廊道较之于传统的国家公园有如下特点（详见表3-1）：

国家遗产廊道较之传统的国家公园在目标、管理、土地构成、地理分布上具有明显的不同，详见下表：

国家公园与国家遗产区域的区别 表3-1

	国家公园	国家遗产廊道/区域
目标	以保护为主,在条件允许的情况下开展适度的游憩活动	在不影响文化与自然资源的情况下,提倡大力发展地方经济,通过该项目的开展,努力实现区域全面振兴
管理	联邦直接管理为主,鼓励公众参与	州与地方管理为主,联邦提供持续的技术援助和有限的资金援助
土地构成	联邦拥有或联邦收购的专门用于保护的土地	以私有土地为主,常以马赛克的方式与居民区混杂分布
地理分布	主要分布在中西部,尤其是西部地区	主要分布在东部的马萨诸塞州、纽约州和宾夕法尼亚州

(5) 认定为国家遗产廊道/区域的好处[1]:

- 吸引国家对该区域的关注;
- 使相关项目有资格获得联邦和州的援助资金;
- 有利于协调旅游业与文化/自然资源,以及其他计划的关系;
- 促进公私间的合作伙伴关系,识别发展机会,以便实现经济振兴;
- 促进该区域历史/文化、休闲资源敏感性的再开发;
- 促进自然资源的保护。

(6) 启动条件

要启动一个遗产廊道项目需要以下几个基本条件:

- 待认定地基本条件(社会、经济、政治,以及社区动态);
- 联邦政府的认定;
- 国会授权的管理机构和人员;
- 国家公园局为项目运作提供的启动资金;
- 可行性研究和管理规划活动;
- 国家公园局的技术与人员支持。

(7) 获得授权的程序

运河遗产廊道模式运作的前提是要获得国家的授权认定。一般来说历史运河区

---

1 参考http://www.canals.ny.gov/news/crc/c1.pdf。

域要想获得"国家遗产廊道"的认定,要经过以下几个步骤(详见图3-8):

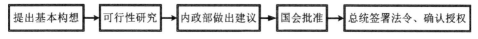

图3-8 获得授权的程序

①廊道区域内的利益相关者要有建立整体保护与发展的强烈意愿,并向国会提出基本构想;

②国会将委派国家公园局对那些拟申请国家遗产廊道认定的区域进行较为客观的可行性研究;

③可行性研究结束后,内政部将就可行性研究报告向国会提出该区域是否适合认定为国家遗产廊道/区域的建议[1];

④经国会批准设立国家遗产廊道/区域;

⑤总统将为该廊道/区域签署专门的法令,以确定其授权资助年限、管理结构、经费来源等相关问题。

(8)现状

美国的第一代国家遗产区域基本上都是运河遗产廊道。如今美国现有的49个国家遗产区域中,有4条运河遗产廊道。另外,有8个遗产区域与运河直接相关,它们有的最初认定为运河遗产廊道,后随着保护范围的扩大而更名为遗产区域,有的是近年来认定的,就直接授权为遗产区域。

①分布现状

美国的遗产廊道/区域主要分布在美国东部的马萨诸塞州、纽约州和宾夕法尼亚州。近年来,传统的国家公园虽然也有向东方发展的势头,但碍于各方阻力,进展缓慢,而国家遗产廊道/区域却有向西部和南部快速发展的趋势,下面笔者根据有关资料分别绘制了国家公园与国家遗产区域分布图(图3-9、图3-10):

②社会反响

遗产廊道/区域这种模式经过30多年的发展,取得了不俗的成绩,也获得了很多的支持,但也有反对的声音,支持与反对的理由大致分别为以下几种(表3-2):

---

[1] 内政部的判断依据主要是可行性研究中体现出的公众参与情况;拟议区域居民的支持度;除当地居民外,政府、企业、私人与非营利组织就援助资金作出的承诺。

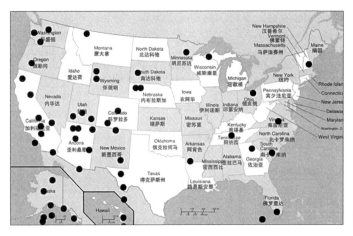

图3-9　国家公园分布图

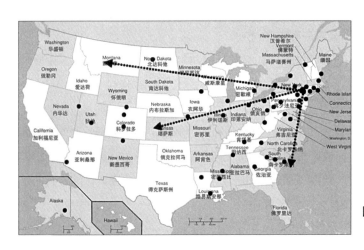

图3-10　国家遗产区域分布图

对遗产廊道/区域模式的支持、反对理由　　　　表3-2

支持理由	反对理由
• 有利于保护历史、传统和文化景观 • 促进了社区间的合作与团结 • 提升了公众的环境监管意识 • 有利于游憩经济的发展 • 管理成本比较节约 • 管理模式比较灵活，不受太多限制	• 不容易受到地方的支持 • 缺乏建立、管理和资金的一般规约框架 • 监督机制不够健全 • 保护措施不够有效

（来源：参考Vincent，C. H. & Whiteman，D，2004绘制）

第3章 美国国家遗产廊道概述

运河国家遗产廊道是个新鲜事物，只有30多年的历史，其每一步都是在摸索中前进，虽然经历了飞速的发展，但也有很多问题，目前已经到了总结分析，并作出相应调整的时候了。

3.4 本章小结

运河国家遗产廊道模式的出现绝不是偶然的，它是由于综合因素共同作用的结果。

首先，20世纪60年代以后，美国的产业模式逐渐转化，原来繁忙的运河及其周边的运河城镇逐渐衰落，导致这些地区经济下滑，人口外流，社会治安恶化。面对这种情形，美国政府急于寻找振兴这些区域的办法，于是想到了通过建设公园改善环境基础设施，并利用原有工业遗产拉动旅游经济的办法。

其次，由于美国是个年轻的移民国家，其具有世界遗产价值的单体项目并不多，在国际遗产保护学界，美国是一个边缘化的国家。但在形成这个国家的过程中，有很多运输、战争运动的线性轨迹，它们对于形成这个统一的多民族国家非常重要。于是，美国遗产保护界将更多的精力投入到具有自己国家意义的这些历史和文化上。也许，正是这种被国际遗产保护学界边缘化的遭遇，促使他们在文化景观保护领域走出了自己的特色，反而赢得了国际遗产保护界回顾而仰望的目光。近年来，美国文化景观保护领域在区域遗产，尤其是线性区域遗产保护层面逐渐摸索出了一套具有美国特色的整合保护方法，受到了国际学界的广泛关注。

最后，具体形成"运河国家遗产廊道"线性遗产合作伙伴制保护模式，有其客观的原因。由于，美国东部土地构成现状，国家的经济负担，还有国外类似项目经验的借鉴，保护理念的发展，以及其他综合社会因素等。

总的来说，经过30多年的探索，这种模式取得了一定的成绩，由于其仍处于实验探索过程中，还需要长期的观察、考验。因此，其当前的管理模式特点，以及其可持续发展的问题，目前学界尚缺乏深入、系统的研究。

第4章　　美国国家遗产廊道模式运作机理分析

美国国家遗产廊道是个以目标为导向的复杂系统,其运作机理[1]比较复杂。本章拟从模式的管理目标、实施策略、管理框架、运作机制、运作过程五方面对美国运河国家遗产廊道的运作机理作较为深入的分析。

4.1 管理目标

美国运河国家遗产廊道管理目标在各案例规划文本中略有不同,但主要内容相似,只是在分类方法上有略有差异。本章中,笔者将其概括为四大基本目标:资源保护、休闲/游憩开发、解说/教育、经济振兴。下面笔者将对其逐一展开论述。

4.1.1 资源保护

遗产廊道内通常含有丰富的各类资源,这些资源是廊道魅力的重要保证,也是廊道发展的资本。遗产廊道模式就是在对这些珍贵资源进行有效监管的前提下,对其进行适度的开发与利用,以维持廊道的可持续发展。因此,对珍贵资源的有效监管是一切工作的出发点。

运河国家遗产廊道要保护的珍贵资源主要包括:历史/文化资源、自然资源、开放空间资源。

(1) 历史/文化资源的保护

历史/文化资源是流域意义的基石,其特征的保护是游憩、解说、教育活动的必要前提,也是国家遗产廊道振兴的重要保证。

①历史/文化资源保护的主要对象

运河遗产廊道是一种大尺度、多样性和复杂性的资源集群,它的遗产资源囊括了多个类型,下面笔者参考斯库基尔河流域国家遗产区域管理规划(Roberts

---

[1] 是指为实现某一特定功能,一定的系统结构中各要素的内在工作方式以及诸要素在一定环境条件下相互联系、相互作用的运行规则和原理。机理分析用途广泛,在物理、化学、数学建模、企业管理等领域都有特定的作用。

and Todd,2003)将其历史/文化资源大致概括为:文化景观、遗迹(archaeological site)、民俗三大类型:

• 文化景观(cultural landscape)

美国对区域性生活、工作景观的保护开展得很早,遗产廊道/区域模式正是这种尝试的典型范例。它对区域性、乡土性景观的高度关注填补了自然、文化遗产类型之间的空白,在某种意义上也促使了"文化景观"概念被国际学界的正式接纳。因此,也可以说对文化景观的保护是遗产廊道/区域的强项。

如前文所述,美国国家公园管理局将文化景观分成:历史遗址、历史设计的景观、历史乡土景观、人类学景观四大主要类型。运河遗产廊道的文化景观种类比较繁复,有的兼具几种类型的特点。在此,笔者参考相关资料将其整理为以下几种类型(表4-1):

运河遗产廊道内文化景观的常见类型　　　　表4-1

景观类型	载体
纪念性景观	国家历史公园、纪念大道
农业景观	农业生产场所、乡村社区
采掘业景观	矿坑、矿业城镇
工业景观	运河景观、废弃设备、棕地、制造业城镇
休闲性景观	公园、植物园、动物园、花园
消费性景观	购物中心区、连锁餐饮
其他	历史城堡、博物馆、大学、军事庇护设施、艺术画廊、文化中心

(来源:根据Roberts and Todd,2003资源整理)

• 遗迹(archaeological site)

美国运河遗产廊道的主题一般以工业、军事、交通为多。然而,由于人类依水而居的习惯和工程便利的原因,美国早期的运河一般都是在相关历史水系基础上建立起来的。因此,在这些运河廊道周边通常会散布着一些遗迹。如,美国土著文化遗迹,古运河纤道、棱渠结构,以及一些淹没文物。

• 民俗(folk custom)

民俗资源有多种形式,物质文化有装饰艺术;非物质的有戏剧、舞蹈和仪式、口述历史,以及习俗和信仰等。现留存的民俗资源通常都是运河全盛时代社区生活的记录,是廊道珍贵而脆弱的文化遗产,对它们的保护有利于提升区域文化的认同感和自豪感。根据民俗资源的不同类型,其保护途径也相应地分为:载体、制作过程、产品(有形和无形)三种情况。

②历史/文化资源保护的目标

历史/文化资源是廊道身份、地域特色的重要表征,也是廊道可持续发展的文化根基。因此,历史/文化资源保护是廊道资源保护工作的核心,其目标主要为以下几方面:

- 保护和提升重要历史/文化资源的真实性和完整性;
- 引导历史城镇中心的适应性再利用;
- 引导和提升公众历史/文化资源保护意识。

(2)自然资源保护

除历史/文化资源外,自然资源也是运河遗产廊道整体环境中不可或缺的部分。实践中,其也是解说廊道相关主题不可回避的元素。运河遗产廊道的自然资源主要可以概括为:土地、水、野生动/植物三大基本类型。

运河国家遗产廊道自然资源保护的目标主要可以概括为以下几点[1]:

- 保护有价值的自然资源与重要生态系统;
- 保护生态环境,为濒危物种提供栖息地;
- 保护与提升自然休闲资源;
- 提升公众自然资源保护意识。

(3)开放空间保护

简单地说,开放空间就是没有被建筑占用的区域。它可以围绕、分割,也可以连接建筑群、村庄和邻里社区。它涵盖了池塘、树林、历史结构、耕地、开阔草地,以及小的庭院或高度开发地段的空地等各种景观[2]。其提供审美、游憩、精神等多重价值体验。开放空间的特征主要通过视觉感知。其分布特点,与建筑环境的关系在很大程度上决定了社区的身份与特质。因此,良好的开放空间环境有助于提升周边土地的价值。开放空间除了具有重要的美学价值外,还具有重要的生态环境功

---

1 综合参考相关管理规划整理。
2 参考http://www.franklintwpnj.org/OSRP_Plan.pdf。

能。例如，人们通常会将洪泛区、湿地、陡坡等危险地带用开放空间的方式保护起来，以促进水土保持和地下水的补给，为野生动物提供栖息地；此外，开放空间是开展一切廊道游憩、休闲活动的场地。

由于资金不足，经验缺乏，意识淡薄，以及不合理的利用等原因，运河廊道的开放空间资源经常会遭受到比较严重的损害。美国运河国家遗产廊道是开放空间与文化遗产整合保护的一种典型模式。其开放空间保护的主要目标是[1]：

- 保护具有良好风景价值的区域，尤其是那些能够定义廊道特征和直接能从高速公路上看到的区域；
- 保持历史文化资源周围的开放空间，以确保历史语境的完整呈现；
- 保护开放空间游憩、教育资源要素，为游憩、环境教育活动做准备。

4.1.2 游憩开发

关于"游憩"（recreation）的概念学界众说纷纭，莫衷一是，如加拿大学者斯蒂芬·史密斯在其《游憩地理学》中这样论述："游憩是一个难以定义的概念（吴必虎等译，1992）。"但可以肯定的是它通常与旅游、娱乐、运动、游戏等活动相关。在本书中，笔者将运河遗产廊道的"游憩"界定为运河廊道相关的旅游与休闲活动。其中，"游"指旅游，"憩"指休闲。

休闲和旅游是密切相关的两个概念，虽然经常交替使用，但其含义却有些差异。它们好像分布在一个连续体的两端，有一些重叠，又有一些区别。旅游业是"商业性休闲"，通常认为旅游是离开家过夜，而休闲通常指各种户外活动（Wylie J. & J. Bedwell，2000）。一般来说，尽管当地居民与外地客人从事着相同的活动，当地居民通常被认为是体验者而不是游客。运河的水道和河岸通常被认为是良好的休闲资源，具有巨大的开发潜力。

运河国家遗产廊道的游憩开发，是在有效保护前提下的合理利用，也是提升区域魅力，振兴区域经济的重要手段。进行游憩开发需要实现的一些具体目标可以概括为[2]：

- 加强游道、休闲景点，以及历史保护单位之间的连接；
- 完善廊道休闲、生活设施；

---

1 综合参考相关管理规划整理。
2 综合参考相关管理规划整理。

- 努力实现廊道休闲活动的丰富性和可操作性；
- 全面提升廊道休闲体验品质，吸引游客延长逗留时间和重游频次。

4.1.3 解说/教育

美国国家公园管理局对遗产解说非常重视，而且首先将其确立为国家公园的一项重要管理手段（Gregory M. Benton，2008）。如今，解说已成为是美国区域整合管理模式中不可或缺的部分。美国运河国家遗产廊道就是其中一种典型的区域整合管理模式。其解说的目标也完全涵盖了前文中的各个方面，并有所拓展。

其主要目标可以概括为[1]：
- 建立居民管理、游客与廊道资源间的连接；
- 通过宣传其重要性，吸引国家和世界的注意；
- 培养廊道居民的自豪感；
- 宣传廊道资源保护、休闲开发和经济振兴的经验与益处，促进廊道利益相关者的合作；
- 通过开展教育、研究项目，提升环境素养，影响资源保护的意识和行动；
- 促进廊道体验品质的提升，刺激廊道经济的发展。

教育与研究是解说工作的延伸。其中，教育是为了将廊道重要历史、文化，以及其经历的工业污染都传播给后人，让人们在为廊道辉煌的历史骄傲的同时，也铭记廊道曾经遭受的磨难，促使人们更加珍惜和爱护这块热土，让其将美丽的童话世代相传；研究是对廊道资源的深度挖掘，以便更好地保护和利用该廊道。

4.1.4 经济振兴

近年来，人们逐渐认识到将发展与保护割裂开来是很难奏效的，并逐渐认识到应该将保护与发展整合起来，让保护带动经济发展，经济发展反过来促进保护，形成良性的循环。

运河国家遗产廊道就是这种整合遗产保护与区域经济的模式。其着眼于保护与发展间的平衡，最终实现遗产资源的有效监管和区域经济的可持续发展。因此，经济振兴也是其一项重要目标（图4-1）。

---

1 综合参考相关管理规划整理。

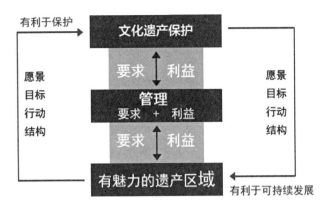

图4-1 整合遗产保护与经济发展
（来源：参考Roberts and Todd., 2003改绘）

运河国家遗产廊道经济振兴的目标一般涉及以下方面[1]：

- 充分利用区域现有的旅游业、工业、农业，以及其他发展资源促进区域经济发展；
- 努力构建能够促进经济持续增长与稳定的公私伙伴关系；
- 通过地域连接和整体形象的塑造，以独特的地域身份和魅力赢得经济发展机会；
- 建立廊道经济长期规划，培养经济决策的整体观。

4.2 行动策略

如前文所述，运河国家遗产廊道有四大类基本目标。实际上，这四大类目标间紧密相连，互相作用。运河国家遗产廊道就是试图将这四大类目标充分整合，追求一举多得，成本有效的运作模式。下面笔者将其行动策略概括为：魅力塑造、魅力呈现、经济振兴三方面。

---

[1] 综合参考相关管理规划整理。

4.2.1 魅力塑造

通常,一个地区的魅力会与很多因素有关,如果将其归纳、提炼,则主要可以概括为:连接度与可达性,形象与舒适度,活动与使用功能,以及其与外界(社会)的交往情况(图4-2)。

运河遗产廊道的地域魅力也主要关乎以上这几方面。除此之外,廊道的历史、文化也是其地域魅力的核心因素。下面,本书将从:提升整体性和可达性;加强资源保护;开发丰富多彩的活动;构建良好的伙伴关系四个方面,就运河国家遗产廊道的魅力塑造展开论述。

(1)提升廊道的整体性和可达性

加强运河廊道各种资源之间的连接,有助于提高可达性,并且会给人以更加整体和直观的廊道体验。廊道资源的连接可分为物理连接和概念连接两种情况,下面笔者将对其分别展开论述。

①推进廊道物理连接

- 充分发挥线性空间的连接作用。运河区域间原有的开放空间、游道系统在被

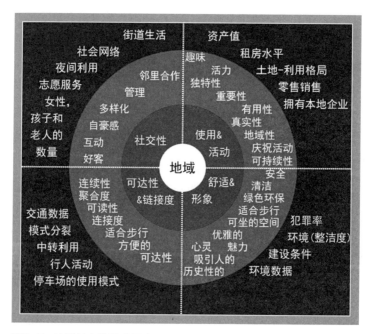

图4-2 地域魅力的影响因素

(来源:参考Peter Johnson & Associates, LLC., 2011改绘)

认定为国家运河遗产廊道前通常是断开的,各部分之间缺少连接。认定为国家遗产廊道后,应尽可能地通过游道、风景道等线性空间把原本断开的区域连接起来;

- 加强运河区域与其他交通方式(高速公路)之间的整合;
- 完善运河服务站[1]网络建设。要充分利用每个码头、港口原有的设施,并加强它们之间的联系,形成网络系统。

②强化廊道概念连接

- 构建统一的廊道标识系统。除了加强廊道的物理连接外,还应当为廊道开发一套完整的图形标识系统,并将其运用到廊道的道路牌、解说牌,以及廊道沿线的各种服务设施上;
- 在廊道各景点安装便捷的解说工具(如多媒体设备等),以便游客在廊道的任何一处都能及时查询到整个廊道的信息,这样既方便游客确定自己在廊道中的位置,也可以给游客以整体性的廊道体验。

(2)加强资源保护

①历史/文化资源的保护

对运河廊道形态、机理等基本特征的把握,主要通过地理信息技术测绘出河道的位置与周围水系的关系,弄清哪些河段尚清晰可见,哪些河段已名存实亡,现有河段的蓄水情况等详细信息,并登记在册;对于运河的物质构建等单体历史资源的调查工作,由现有的资源清单着手(如地方原有的国家历史地注册清单),然后通过咨询当地的历史专家、利益相关者,以及廊道工作人员,对没有登记在册的项目进行发掘、测绘和补录工作;对于口头非物质资源要进行资料查阅、实地调查和走访工作。

在对前期调查的结果进行细致梳理之后,要甄别出那些因发展、恶化或资源缺乏而受到威胁的对象,以便根据资源的重要性和受威胁的程度确定其优先保护的秩序,及相应的保护建议。具体的保护援助策略主要有以下几种:

- 提供资金援助

对廊道历史资源保护的资金援助分两种情况。其中,一种是直接的资金援助,

---

[1] 运河登陆服务站:是沿运河设置的,为游客和当地居民提供设施和服务的站点,通常提供游船和游道使用者需要的服务,商店、饭店,以及运河主题的住宿设施。

是指在满足委员会的援助标准，遵守委员会的合作协议及相关承诺的前提下，提供直接的经费支持；另一种，是间接的资金援助。例如，与地方政府、州历史保护办公室一道，为所有满足标准的单体遗产、遗址和街区争取国家和州历史地注册，以争取相应的匹配保护资金，也可以通过历史地役权、适应性再利用项目、市场策略等方式获得匹配的援助资金。

• 提供专业的规划援助

除了提供资金援助外，廊道委员会还组织设计审查委员会与廊道所在地各州历史保护办公室一起编织《历史街区保护规划导则》，并负责对各城镇的设计进行审核把关。此外，委员会还要负责为各层次的历史地注册申请提供相应的技术指导。

• 开展信息、教育与推广活动

在提供资金与技术支持外，廊道委员会向公众提供获得各项援助的信息，开展遗产保护相关的教育培训与推广工作。

②自然资源保护

在前文中，笔者将运河遗产廊道的自然资源主要概括为：土地、水、野生动/植物三大基本类型。笔者经过相关资料的研究，根究前文的分类体系，下面分别从三个方面来论述美国运河国家遗产廊道自然资源保护的行动策略（表4-2）：

③开放空间保护

开放空间保护是美国运河国家遗产廊道资源保护的一项重要内容。其基本政策导向是，保护城市外围开放空间，限制城市外围新建设项目的审批，鼓励在城镇中心加密发展和旧工业建筑的适应性再利用。

具体的保护行动策略可概括如下：

• 土地收购

土地收购是开放空间保护中最为常见的保护形式，也是最昂贵的手段。美国运河国家遗产廊道一般不采用完全收购的形式。只是在必要的情况下，廊道的非营利组织合作伙伴会通过它实现对土地的控制，而更多的是通过收购地役权与发展权的方式实现对土地的控制，从而达到开放空间保护的目的。

• 监管

监管是美国运河国家遗产廊道关于开放空间保护比较常用的手段。如，在城市区域内通过发放建设许可证的方式，控制城市的快速扩展，限制特定区域内新的建设项目。

运河遗产廊道自然资源保护策略　　　　　　　　　　　　表4-2

自然资源	保护策略
土地资源	• 保护现有土地资源，尽量将新建设项目安排在原有社区； • 关注河岸，桥梁基础，船下水坡道，开发地区，过度放牧的牧场，以及耕种区域的水土流失； • 尽量保护原有地形、地貌特点； • 保护农业用地，确保农业景观自然延续
水资源	• 加强流域废物回收管理，杜绝废液乱排放现象，清除有毒物质，实行污染控制和水质量监测； • 保护沿河流与支流的植物缓冲区； • 必要时要疏浚运河河道，维持运河的可通航水量； • 确保湿地不被填埋、干涸
野生动/植物	• 保留运河沿岸原生植物，无特别的景观需要不做修剪 • 保护鱼类和野生动物栖息地，注重湿地、水生、陆地生态系统的保护和恢复； • 加强濒危物种的保护； • 控制外来物种的入侵

（来源：作者根据相关管理规划整理）

• 税费激励

税费激励也是美国运河国家遗产廊道开放空间保护最为常用的手段。如，其经常通过税费抵免或延期纳税的方式鼓励农业土地所有者以自愿的方式加入农业保护区。

（3）开发丰富多彩的廊道活动

①可开发的活动类型

运河遗产廊道的休闲资源可以被分为以下几类[1]：

• 遗产旅游活动，包括体验文化景观、历史遗址、自然资源和文化机构；
• 与水相关的活动，包括划船、滑水、游泳、捕鱼；
• 游道活动，包括自行车、跑步、纵列式溜冰、骑马、野餐；
• 游道外活动，包括徒步旅行、露营、观鸟、打猎、捕捞；
• 冬季活动，包括越野滑雪、滑雪、冰钓、雪地摩托；

1　综合参考相关管理规划整理。

- 科普教育，包括现场调研和河滨课堂等。

②廊道活动整合开发的行动策略

良好的运河休闲开发建立在前期道路系统连接、水质改善，以及廊道信息系统建设基础上的。这些休闲活动能不能开展，很大程度上依赖于它们的完善度和整合度。其具体整合策略：

- 充分利用前期的道路系统、路牌、座椅、垃圾箱，宿营地建设成果开展游道相关的活动，让体验者在线性的轨迹中体验廊道的魅力；
- 根据河水的净化程度，分阶段地开展相应的滨水休闲活动，通过一部分有偿服务创造经济价值；
- 利用廊道内丰富的历史/文化资源开展游憩专线，让人们在游憩中增长知识，在接受文化熏陶中享受户外优美的自然环境；
- 利用廊道丰富的自然群络和日益改善的生态环境开展科普教育与研究活动。

（4）建立和谐的廊道伙伴关系

运河遗产廊道模式原本就是一场保护和发展的自救运动，没有良好的伙伴关系，廊道工作寸步难行，因此建立和谐的廊道伙伴关系尤为重要。具体行动策略如下：

- 创建合作伙伴之间良好的交流网络，保持与公众经常性的互动；
- 鼓励廊道合作伙伴机构、组织或个人的创新举措；
- 与廊道利益相关的重要组织、机构建立密切的联系，谋取其对廊道给予优先的政策与技术援助；
- 及时分享廊道的成果，建立透明、互信的良好氛围。

4.2.2 廊道魅力展现

廊道魅力展现有内、外两方面的目的。一方面，对内要将新取得的成绩与利好消息及时传播给廊道居民、合作伙伴等利益相关者，让大家共同分享成功的喜悦，增强公众的区域自豪感与自信心。另一方面，对外要将廊道美好的形象展示给游客，吸引他们到廊道来参观、游憩，甚至能够在廊道内停留，以便产生更多的消费，并将在廊道的美好体验口口相传，远播四方。从而引起政府，甚至是世界的高度关注。其魅力的展现方式主要有以下几种：

（1）广告、包装途径

①旗帜和标牌

旗帜和标牌不仅是加强廊道概念链接的重要手段，优美的旗帜标牌设计也是廊道魅力展现的重要窗口（图4-3）。

②路边的展览、展示

除了耀眼的旗帜、标牌之外，在廊道内的游客中心，游客服务站，路边信息亭里，经常摆放着各种期刊、杂志和出版的相关书籍，开发的各种旅游纪念品。此外，廊道开发的活动年历也是廊道魅力展示的一个重要窗口。

方向导识　　　　　　　三面解说亭　　　　　汽车游导识

高杆路边解说牌　　　　人行导识　　　　　　主入口导识

图4-3　几种常见的解说、导识牌

（来源：http://www.delawareandlehigh.org/）

③工作人员统一着装

廊道工作人员，特别是穿着统一制服（有国家公园局标志）的一线解说人员，体现了廊道的"国家品牌"魅力，是廊道的无形财富，也是廊道里一道美丽的风景。

④网络与电视媒体

有关廊道活动的各种宣传资料一般都会发布到廊道的官方网站上，让普通民众了解廊道的各种活动，并通过各种渠道发表意见参与到管理活动中来。除了官方网站外，廊道的新闻还经常被流域内的社会网络媒体大量转载。此外，委员会经常还制作一些会议、资源调查等活动的视频短片，并在当地的有线电视台播放。

（2）学术途径

教育是廊道资源传播的一种重要途径。廊道内学校老师除了自己讲授运河的文化、知识外，还经常邀请资源保护的有关专家进入校园，传播知识，激发孩子们对廊道的热爱，对环境的珍惜；研究有时是对廊道资源的进一步挖掘整理，有时是对廊道现状的动态关注。此外，廊道委员会还会经常与有关高校进行联合课题研究。这些研究成果通过学术渠道的传播，也能扩大流域的影响力。

（3）营销途径

市场营销是廊道商业活动的重要手段，也是展示廊道的重要途径。因为，只有将廊道美好的形象传播出去，才能达到良好的营销效果。

（4）廊道商业、文化活动途径

廊道商业、文化活动有利于激活廊道消沉、死寂的后工业氛围。由于廊道内一般都经历了多年的衰退，廊道内人口大量流失，开展这些活动能够为廊道带来朝气与活力。

4.2.3 经济振兴

如前文所述，经济振兴是廊道的一个重要目标。其实，经济也是个重要的杠杆，是廊道其他目标实现的手段。因为，国家遗产廊道委员会不实际拥有土地权，面对这种多利益相关者马赛克式分布的格局，没有经济利益的刺激很难得到人们的支持。这也就是说，其一切保护策略必须依靠经济的手段进行调节。

（1）规划协调

开展原有社区及周边乡镇之间的区域城市总体规划，加强社区之间的连接，促进区域间合作；鼓励原有社区的加密式发展，新开发地区的集群式发展，强化资源配置。

（2）改善环境、基础设施

鼓励棕地的净化和再利用；加强经济增长所需的交通、通信、电力、供水、污水处理等相关基础设施建设与维护。

（3）实现城镇中心的复兴

结合美好家乡活动和主街振兴计划获得相应的资金援助，通过立面、基础设施、标牌等的街景改造，复兴传统的商业区的历史面貌；对城镇中心荒废工厂建筑进行改造，将其适应性再利用于现代工业、商业、零售业、文化与居住；对传统经济发展活动（工业、农业、旅游业、服务业）的员工素质、技术条件、产品工艺进行必要的提升；通过提供营销策划、低利息贷款、税收减免，以及廉价的房租（旧建筑）等手段鼓励新型中、小企业的发展。

（4）以廊道优秀的历史/文化、自然资源为契机发展旅游业

认定为遗产廊道的运河流域一般都具有较为丰富的旅游资源，廊道管理机构应在恰当保护的前提下，充分利用前期的基础设施建设、形象包装成果，整合文化主题发展旅游相关产业，吸引外部资金的流入，增加就业岗位。

①制定流域营销策略

聘请外部专门研究机构，整合运河流域内现有的历史专家、生态专家、营销学等科研力量，制定出详细、可行的市场营销策略。

②开展各种交流活动，增加区域游憩魅力

通过与当地的大学、社区学院合作开展各种文化交流活动，加强流域文化的挖掘、整理、交流、推广，进一步增加地域的游憩魅力。

4.3 管理框架

遗产廊道/区域的管理框架决定了其人员组成、资金的来源，体现了当时、当地的管理文化，也会直接影响管理的成效。因此，研究运河遗产廊道的运行机理就必须研究其管理框架。

4.3.1 组织结构——廊道委员会

遗产廊道/区域不像国家公园那样有比较固定、明确的结构，明确的上下级关系，规定你如何工作。遗产廊道/区域选择何种形式的管理框架，一般会根据当时、当地的情况，采取灵活的对策。也就是说，它的管理组织结构是动态的，能够顺应当地利益相关者，以及相关社会、经济和政治因素的变化而作相应的变动。因此，目前美国国家遗产廊道/区域有多种管理组织结构，如联邦委员会、非营利组织、州机构[1]、市政当局和大学/中心[2]（Martin-Williams S.，2007）。其中，那些早期认定的国家遗产区域，如本文研究的运河遗产廊道，一般都采用联邦委员会的形式。这种国家遗产廊道委员会经国会立法授权成立，由国家公园管理局[3]、州/地方政府机构、公民个体、非营利组织、企业单位等有关各方通过合作伙伴的方式共同组成。廊道委员会的人员配备一般少而精，如伊利运河国家遗产廊道委员会由27名成员组成，而伊利诺伊—密西根运河国家遗产廊道委员会只有19名成员[4]。运河国家遗产廊道委员会这种人员精简的模式能够运转，得益于两个方面：一方面得益于其能够临时动员和吸纳社会力量的特性，如在开展一些劳动密集型的援助项目时，它会通过合作协约的方式临时调用地方政府的相关专业人员或非盈利组织等合作伙伴的参与；另一方面，运河国家遗产廊道委员会人员要求同时具备多项技能（表4-3）。下面笔者根据相关资料将其需要的专业人员与技能通过表格的形式概括如下[12]：

运河遗产廊道需要的专业人员与技能　　　　表4-3

必要的专业知识/技能	可能需要的专业知识/技能
・管理，财务与预算 ・筹款，缔约和项目协调 ・公共事务和推广 ・历史和文化资源的保护 ・自然资源的保护 ・解说和教育 ・遗产发展	・市场营销和旅游业的发展 ・规划和城市设计 ・历史和考古研究 ・策展和库存管理 ・平面设计和标志标准

（来源：根据相关管理规划绘制）

1　例如国家煤炭遗产区域是州机构管理模式。
2　如田纳西州国家内战遗产区域被安置在中田纳西州立大学。
3　为了体现其联邦委员会的性质，有时是国家公园局长亲自担任，如伊利运河国家遗产廊道，有时是其代表。
4　参见PUBLIC LAW 98-398［R］.1984.

总之，运河国家遗产廊道委员会的这种精简人员配备模式，也从另一个侧面反映了其管理团队的灵活性与高效性。

①使命

运河国家遗产廊道委员会的使命是倡导和协助资源保护、休闲开发、解说/教育、经济振兴，促进廊道利益相关者之间的伙伴关系，为了人们的世代享用，展现、宣扬，并提升廊道的国家意义。

②职责

一般在运河国家遗产廊道授权法中会对其职责做比较清晰的界定。通常包含以下几个方面[1]：

- 提供资金/实物支持，技术援助；
- 催化组织之间的协作；
- 开展教育、交流和倡议活动；
- 提升廊道整体形象；
- 为可持续发展奠定基础。

4.3.2 核心伙伴——国家公园局

国家公园局参与廊道委员会为其授予了"国字号"的头衔，也赐给了其无形的金字招牌，是该类项目成功实施的保证。国家公园局对运河国家遗产廊道项目的干预贯穿项目的始终。但在项目的不同阶段其扮演的角色不同。总体上，国家公园局的角色由台前走向幕后，作用逐渐弱化（表4-4）（Martin-Williams S.，2007）。

国家公园局在运河遗产廊道中的作用　　　　　表4-4

	组织	实施	角色设定	制度化	重新定向
PS的作用	国会指定 相互依靠 共同愿景 问题识别 建立共识 管理规划	管理规划审批 价值整合 权利分配 内部结构 方案要点	身份建构 角色细化 精简工作 项目反馈 评估	建立公信力 创造意识 维护领域 角色细化	重申 重组 到期

来源：(Martin-Williams, S., 2007)

---

[1] 综合参考相关管理规划整理。

4.4 运作机制

4.4.1 多方融资

运河国家遗产廊道是美国政府,为了减轻自身负担,尝试发动民间资本实现没落工业区域振兴的一种重要尝试。相对于国家公园这种含着金钥匙出生的宠儿,运河遗产廊道从娘胎里"孕育"时起就注定了其草根的性质。这也就是说,它在政府少许启动资金与技术的帮助下必须具备吸纳民间资本的能力。从其获批的条件就可窥得一斑,内政部审核其可行性研究报告时,就开始着重考虑当地居民的支持率,有多少可靠的民间资本对其作出承诺,否则该项目将不可能得到国会的支持。

通常,每条遗产廊道的授权法中就明确的规定了其授权获得国家资金和技术援助的年限,国家为每条运河国家遗产廊道每财年的专项拨款数为1百万美元,10年授权期内总共援助资金不得超过1千万美元,并要求地方能够以1∶4的比例,与国家提供的专项资金相配套。

除了运河国家遗产廊道专项资金外,每条廊道还可以结合国家的一些其他计划,向国家的其他部门申请部分援助资金。如,运输部的交通运输改善项目,住房和城市发展部的社区发展补助金,以及农业部的自然资源保护局,国家环境保护局等都有一些援助资金。

然而,国家运河遗产廊道更多的援助要从非联邦的渠道获得,对其提供援助的主要非营利组织有:国家历史保护信托;公共土地信托基金;文化及文物旅游联盟;农村政策研究所等。这些援助可以通过现金、实物和服务等多种形式呈现。实践证明,国家通过资金杠杆吸纳的民间资本远远超出了其最初的预期,这在某种程度上也证明了运河国家遗产廊道模式确实是一种成本有效的管理模式。

4.4.2 合作协议

委员会与联邦、州、当地政府机构、部落政府、非营利组织,或其他部门之间通常会通过伙伴合作协议确定参与各方的共同目标,任务分工和行为规范,预计的行动时间框架,资金来源和预计费用上限等,以便委员会能够更有效和经济地完成自己的使命。

它以正式的法律文书形式出现,但又不同于一般的项目合同。它是工作小组间的行动纲领性文件,通常围绕具体项目,因此廊道合作伙伴间的合作项目通常不止一个。它内容也具有很大的变动性，当有新的参与者加入时，或某些参与者对协议的部分内容有意见时，就可以召开会议讨论，并对协议内容进行修改。

4.4.3 资金与技术援助

运河国家遗产廊道委员会每年将划拨一定数额资金，用于资助那些对于实现整个廊道计划愿景、目标较有价值的合作伙伴。廊道委员会为合作伙伴带来的"种子"资金虽然有限，只能作为项目的启动资金，但它同时也增加了合作伙伴的无形价值，有利于其大量吸纳地方的匹配资金。

委员会通常会将资金优先投放到以下一些项目[1]：

- 与廊道愿景和目标高度一致，紧密相关的项目；
- 具有可操作性，易于实现的项目；
- 易于从其他渠道获得匹配资金的项目；
- 具有感召力，能够引起关注的项目；
- 能够实现廊道基本目标，同时牵涉到多个领域关键利益的项目。

除直接的资金援助外，廊道委员会通常会向合作伙伴持续提供愿景构思、计划制定、项目拟定、拨款申请、资源保护、休闲开发、廊道解说，以及获得相关认证方面的技术指导。

4.4.4 公众参与

公众参与是美国各种规划活动的一大特色，遗产廊道项目中更加如此。运河国家遗产廊道模式中的公众参与主要在以下几个阶段：

（1）确定方向和范围阶段：

在规划刚刚启动时，就要邀请公众参加，并与公众一道商定他们在整个规划过程中的参与方案。

（2）多解方案讨论阶段：

在多解方案讨论阶段公众审查期间，将开展公共研讨会，请公众对当前的管理规划草案进行审查。

---

[1] 根据相关管理规划概括、整理。

（3）管理规划最终完成阶段：

在管理规划草案最终完成后，附带着国家公园管理局的评审意见，规划将在廊道与国家公园局网站上放一段时间，接受公众的审查。

4.4.5 规划的监测和修正

为了确保规划目标的实现，以及项目的可持续发展，廊道委员会必须持续跟踪规划目标、计划，及其所制定政策的实施进度，不断评估其管理规划的有效性。监测过程中，通常会采用标准的规划、预算和进程测试工具，同时也会考虑到规划本身的灵活性和变动性。

廊道委员会一般会时刻关注其合作伙伴与利益相关者之间的关系，以便对其需求和顾虑作出及时回应。一些短期实施计划将允许遵照公众意见而作出调整。

运河国家遗产廊道的监测和修正机制大致分为两种情况：

其一，是针对廊道项目日常运作情况的监测，主要关注一些日常事务和短期实施的计划，这种监测结果通过年度报告的形式呈现出来。年度报告中一般会描述一年来计划的实施进展，廊道资源的保护与解说情况，成功的经验，失败的教训，对计划的实施作出重要贡献的合作伙伴，本年度的经费去向，下一年需要的经费预算情况（增减的具体原因）[1]，以及管理规划需要做出哪些细微的调整。最终，年度报告要提交给内政部长、国会和公众，并就报告中的有关内容，申请通过法律调整对廊道授权法的有关规定做出修改。

其二，是在廊道授权快到期的前一两年，对这个授权期限内廊道委员会、国家公园管理局、廊道合作伙伴的各自贡献，整个模式在运作过程中获得的民间融资情况，产生的成本/效益。这些是对本授权期内该模式运作情况的总结，也是判断今后采用合作管理和运作模式的重要依据。

---

1 见PL 106-554, Title VIII, Sec.805（d）："...he Commission shall submit an annual report and shall make available an audit of all relevant records to the Governor and the Secretary identifying its expenses and any income, the entities to which any grants or technical assistance were made during the year for which the report was made, and contributions by other parties toward achieving Corridor purposes."

4.5 运作过程

运河遗产廊道模式运作过程涉及规划准备、规划编制、规划实施、规划监测/评价和调整，再到准备下轮规划，是一个不断总结经验，逐渐整合、优化，周而复始的过程（图4-4）。

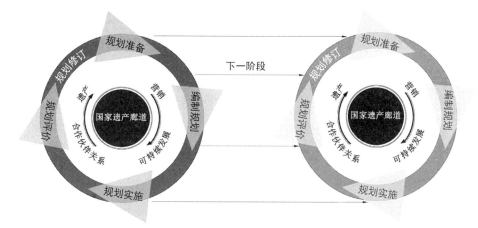

图4-4 运河遗产廊道模式运作过程示意图

4.5.1 规划准备

在正式着手规划编制前，要做好以下几方面的准备工作（National Park Service，2007）（Nils Scheffler，2007）：

（1）构建群众基础

在开展规划编制前，要构建良好的群众基础。这项工作具体要从宣传、解释开始，让更多的当地居民了解构建运河国家遗产廊道的益处。这体现了对廊道利益相关者的尊重，因此也更容易获得他们的支持和参与；廊道利益相关者的积极支持和参与，便于呈现廊道内真实的需求，从而也有利于编制出最适合该廊道的规划。因此，构建良好的群众基础是该项目步入良性发展的开端。

（2）甄选规划团队

规划团队没有固定的模式，其可以有多种组织形式。其关键所在是要能够反映该廊道项目的主题、目标。通常，该团队中要包括历史/文化、自然资源、工商业、旅游业,以及市场营销方面的专家。此外,有条件的情况下最好聘请一位了解整个规划过程的资深顾问,由他来为规划的不同阶段引荐不同的专家,以便于整个规划过程尽在掌控之中,避免误入歧途。

(3)与国家公园管理局签订合作协约

在规划的准备阶段,与国家公园管理局签订合作协约是一项重要工作。因为,它将明确地方协调机构与国家公园局的合作方式,各自的责任与义务(如在规划过程中,国家公园管理局将给与怎样的政策与经费支持)[1]。

(4)现状分析

在可行性研究的基础上,对廊道区域内的资源现状作进一步地分析,理清这些资源的保护与发展现状,以便明确未来的保护与发展过程中将面临哪些困难与挑战。

(5)拟定规划编制流程

运河国家遗产廊道的整合管理规划是一种目标导向的管理规划。因此,有必要在现状分析的基础上,结合国家遗产廊道模式的特点,进一步明确规划的目标,要解决的问题,进而拟定出规划工作大致的流程图。

在这个流程中,要明确规划的目的,各环节的目标,要解决的问题,规划过程的安排,各环节的负责人,参与规划各方的权利与责任等,以及各步骤大致的时间安排。

(6)制定公众支持策略,吸纳合作伙伴

作为基层自发的管理模式,合作伙伴的广泛参与是运河国家遗产廊道模式的一大特色。合作伙伴的参与贯穿整个廊道项目的全过程。在运河国家遗产廊道申请报批阶段,可行性研究报告中关于合作伙伴的支持程度是该项目得以获批的重要依据。规划的编制和实施过程中,合作伙伴的参与是该模式得以成功运作的关键。因此,在正式编制运河国家遗产廊道规划前要在可行性研究的基础上,详细制定公众参与策略,为项目具体环节物色重要的合作伙伴做准备。

4.5.2 规划的制定

管理规划的编制过程就是在前期准备的基础上,构思出廊道的共同愿景,再根

---

1 如果这项工作在规划准备阶段没能完成,在规划的初期阶段一定要完成。否则,规划将难以顺利开展。

第4章 美国国家遗产廊道模式运作机理分析

据这一愿景推演出要实现这一愿景的努力方向，并为这几个方向设定具体目标。然后结合当前的现状，分析出目前的差距，并就这些差距制定出相应的阶段目标[1]与行动议程。管理规划的具体编制步骤下一章将详细分解，此处且不详述。本章节将管理规划的主要内容概括为以下三个部分：

（1）构思愿景

共同的愿景是该项目的内在凝聚力，是这种"目标"导向的管理模式的基点。该项目每个环节具体的目标与行动框架都由他推演出来（图4-5）。在项目的运作过程中，这些具体目标与行动可能会存在分歧和冲突。然而，各利益相关者通常会为了共同愿景求同存异，整合好这些问题，使项目得以顺利开展。

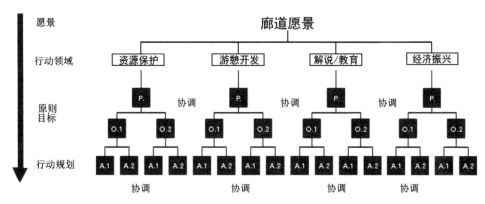

图4-5 由愿景到行动示意图
（来源：参考www.urbact.eu.改绘）

（2）确定基本目标和策略

在不同运河国家遗产廊道的管理规划文本中，其基本目标的个数稍有不同，但内容基本相似。在基本目标确定以后，要梳理现状与这些目标的差距，并制定相应的策略。

（3）行动议程

行动议程是指为了实现各具体目标，要求相应的利益相关者做出的行动，及其时间安排。在目标实现的整个过程中，它处于现状分析与实施方案确定之后，在正式采取行动之前。

---

1 通常，在运河遗产廊道项目的拟议阶段，主要利益相关者已有了自己的基本目标。

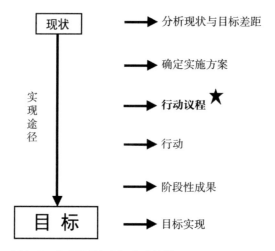

图4-6　行动议程与目标实现的关系
（来源：www.urbact.eu.）

4.5.3 规划的实施

管理规划的实施是这个整合管理模式的中心和重要环节，起到承上启下的作用。因为，它是对规划成果的验证，是依照规划目标、措施安排执行的环节，又是为规划评价和调整探明问题所在的环节。因此，实施效果的优劣首先取决于管理规划本身的合理性与可行性。具体来说，在规划编制阶段，目标、程序、结构制定的是否合理，是否明确了负责每项行动的机构和人员，以及是否可以获得足够的资金援助，将直接关系项目实施的深入程度。

排除规划本身的原因，在实施过程中还要准确地记录和跟踪所有的承诺，适当发挥主动性与灵活性。

4.5.4 规划实施的监测、评价

运河国家遗产廊道整合保护与发展模式通常都是长期性、复杂化、动态性的系统工程。随着项目的进程，经常会面临各种变化与挑战（如目标、合作伙伴、环境等）。因此，在项目运作过程中应该密切监测其变化。尽可能在第一时间掌握变化的数据，及时将变化数据报送到决策者手中，以便其做出迅速的调整。

（1）监测对象

项目监测对象主要包括：

- 资源保护状态；
- 廊道居民/游客的满意度；
- 项目实施进展；
- 项目对环境、社会的影响；
- 新项目、概念、计划的出现。

（2）监测步骤

运河国家遗产廊道整合保护与发展模式的项目监测一般分为以下五个步骤：数据收集；数据分析；对数据的分析结果进行讨论；编写监测报告；更新管理规划。

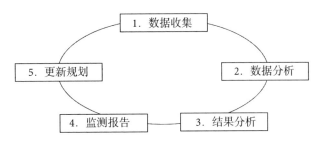

图4-7　整合保护与发展模式项目监测的步骤

（来源：根据www.urbact.eu资料改绘）

项目评价是在项目监测数据分析基础上，立足于相对宏观的角度，对管理规划，以及整个管理模式的反思。最后，根据规划反思的结果，对规划进行调整。

4.6　本章小结

美国运河国家遗产廊道是国家拟建立的一种以目标为导向的，整合保护与发展的可持续性运作模式。同时，也是一个较为复杂的系统。其最终能否实现预想的目标，需要精确地定位管理目标，迅速有效的行动策略，科学的管理框架，协调的运作机制，有序的运作过程。

本章主要从横向的角度，对其系统基本结构进行透析，探讨其各要素在运转中相互联系，相互作用的运行规则和原理。本章主要分为：管理目标、行动策略、管理框架、运作机制、运作过程和本章小结5个部分。

这几个部分在全文中都有其存在的必要性。首先，"管理目标"与"行动策略"通常是廊道授权法为廊道运转确立的基本行动框架，模式的重要内容，因此将其分为两节展开详细论述。接着，管理框架主要研究管理团队的组织方式，其直接关乎模式的性质和资金来源，亦非常重要。最后，运作机制和运作过程对深入了解该复杂系统的机理也必不可少。

本章是在前一章"模式概述"基础上的深入论述，也是下一章"模式管理规划"研究必要的铺垫，在全文中起到承上启下的作用。

第5章　　美国运河国家遗产廊道管理规划

管理规划是国家遗产廊道的地方协调机构与广大合作伙伴共同制定，并通过国会批准的行动纲领。要想系统地研究美国运河国家遗产廊道模式，管理规划的研究应该是其中重要的一环；本章拟从管理规划的概况、内容，与前期研究的关系，规划的编制团队，规划的编制过程，以及规划的特点六方面对其展开较为深入的研究。

5.1 管理规划概况

5.1.1 历史背景

在20世纪80年代初，美国第一条国家遗产廊道——伊利诺伊—密歇根运河国家遗产廊道授权成立之时，国家遗产廊道的概念还很模糊，一切尽在摸索之中，人们根本没有想到日后它会成为一种全国范围内势不可挡的新型公园模式。此时，还没有真正意义上的国家遗产廊道管理规划。直到1989年，《黑石河流域国家遗产廊道文化遗产与土地管理规划》的编撰完成，才标志着真正意义上的国家遗产廊道管理规划的出现。美国国家公园管理局通常要求每个国家遗产廊道/区域在接收到第一笔规划编撰资金后，3年内必须完成管理规划（具体根据授权法中的规定），并提请内政部长签署，没有内政部长的签署，遗产区域将不能获得进一步的联邦资金支持[1]。

5.1.2 性质

运河国家遗产廊道管理规划属于流域规划的范畴。流域规划是区域规划的一种类型，它以"流域管理整体论"的观点，将流域作为一个整体进行观照。它的目的是对流域提出一个总体的规划框架。这个规划确认流域内每一个潜在的冲突和

1　现已在《遗产区域法》（草案）中SEC7（b）（1）条有明文规定。

图5-1 黑石河流域国家遗产廊道文化遗产与土地管理规划封面、扉页（1989）
（来源：BVNHC Commission, 1989）

问题，并提出解决方案。这种方法始于19世纪，如1879年美国成立密西西比河委员会，进行流域内的测量调查、防洪和改善航道等工作，1928年提出了以防洪为主的全面治理方案。以后如美国的田纳西河、哥伦比亚河，苏联的伏尔加河，法国的罗纳河等河流，都进行了流域规划并获得成功，取得河流多目标开发的最大综合效益，促进了地区经济的发展（National Park Service，2005）。目前发达国家已经形成比较成熟的流域规划体系。

然而，运河国家遗产廊道管理规划不同于流域的总体规划。它不是关于基础设施和建设项目的具体规划，而是在历史/文化、生态环境资源保护前提下，以地域魅力带动经济发展为目标的战略规划。由于它是以运河流域为基础的，因此它也必然会涉及"土地整治、防洪、农业用水管理、公共渔业和野生动植物资源开发"等问题，但其主要围绕"遗产复兴经济"，兼及相关问题的考虑。如黑石河的管理规划全称为《黑石河流域文化遗产与土地管理规划》（图5-1）。

5.1.3 一般特征

遗产廊道管理规划讲述整个国家遗产廊道内的遗产故事，鼓励长期的资源保护、提升、解说、项目融资与开发，并对国家遗产廊道保护与发展的目标、原则、策略、行动计划，以及应遵循的政策法规等进行全面阐释。

5.1.4 管理规划的作用

运河国家遗产廊道管理规划的作用主要包含以下几方面[1]：

- 规划过程是促成社区成员、利益相关者，现有的和潜在的合作伙伴以及公众的理解、参与和共识的一个机制；
- 为利益相关者提供了共同确定遗产保护区目的、愿景、使命、目标、战略论坛的框架；
- 规划过程中建立伙伴关系，探寻新的思路和赢得更多短/长期的社会支持；
- 规划过程将合作伙伴们集中在切实可行的目标和行动上；
- 整个过程有助于管理的愿景、优先行动，并对遗产区域不能承担的行动给予指导；
- 管理规划的发展依托合作伙伴；
- 该规划为推销遗产区域概念，提供一个有形的、有用的方法或营销工具；
- 该规划赋予遗产区域的领导地位、目标、具体项目和遗产区域的概念以可信度；
- 该规划记录了一个透明的过程；
- 该规划可以作为当前和今后的评估标准。

5.1.5 管理规划的目标与策略

目标与措施是运河国家遗产廊道规划的主要内容，这两部分构成了整个规划的基本框架；在前文中，笔者将运河国家遗产廊道的主要目标概括为：资源保护、休闲/游憩开发、解说/教育、经济振兴四个方面。其实，在这四方面中，最主要的还是资源保护与游憩开发，而解说/教育既是目标也是手段，经济振兴是整合资源保护与游憩开发的理想结果。因此，将其四大基本目标进行整合后，我们发现，其关注的主要是保护与发展两方面的问题。如，伊利运河国家遗产廊道管理规划将其核心目标归结为三方面[2]，下面笔者以表格的形式将其相应的实施策略也罗列如下（表5-1）：

---

1 参见www.nps.gov/csi/pdf/Blackstone%20Final%20Report.pdf.
2 参见Public Law. 98-398［R］. Washington DC: Congress. 1984.

伊利运河国家遗产廊管理规划基本目标与策略　　　　表5-1

目　标	实施策略
充分地表达廊道的历史内涵和鲜明的地域特色，并将其始终保持	• 为维护和加强重要历史/文化资源构建群众基础； • 保护廊道资源和运河的历史真实性和完整性，延续20世纪运河系统的效用； • 鼓励对历史城镇中心投资，开展可持续性的新项目，并保留农业用地与开放空间； • 帮助廊道社区历史文化资源保护和未来发展制定规划
廊道的自然资源，将达到环境质量的最高标准	• 提升公众环保意识，积极改善与保护重要资源； • 推动质量监管的政策和实践
在与遗产资源保护协调的情况下，努力实现廊道游憩机会的多样性与最大化	• 增强廊道游憩机会的多样性与可达性； • 通过良好的游憩体验，吸引回头客和延长游客的逗留时间； • 加强廊道内不同区域之间的链接

（来源：根据ECNHC Commission，2005资料整理）

5.2 管理规划的内容

5.2.1 管理规划概念界定

运河国家遗产廊道管理规划的概念有广义与狭义之分，通常广义的管理规划文件必须满足流域管理规划的基本构架，它应当包括（Pack K L.，2004）：

- 参考文本：在文本中提供了流域的基本数据资料；
- 咨询报告：咨询报告应广泛地散发给有兴趣的团体，他们的观点应得以体现并对咨询报告加以适当修正；
- 管理报告：该报告应建立当前流域管理的框架结构，并确认未来的管理战略；
- 更新文本：该规划应跟踪流域的最新变化、最新发展动态，并实时修正管理规划。

狭义的管理规划，主要是管理报告及其更新文本。

5.2.2 管理规划报告的基本内容

（1）早期管理规划报告的基本内容（20世纪80—90年代）

20世纪80—90年代的运河国家遗产廊道管理规划报告内容相对简单，主要围绕

第5章 美国运河国家遗产廊道管理规划

遗产与经济相关问题，其基本内容为9大块（表5-2）。

早期管理规划报告的基本内容　　　　　　　表5-2

内　容	作　用	备　注
资源清单	记录遗产区域内的相关故事或主题的，应受到保护、增强、管理或开发的重要资源。它可以包括的自然、文化、风景名胜和休闲资源，信息的完整性级别，完整性的威胁，位置和其他特征	要与遗产区域的目的和需要紧密相关
解说主题	是解说的框架，相关的自然与文化资源的解说都要在其内进行	在可行性研究的基础上进一步深入
目标、战略和行动	确定协调实体将如何诉说遗产区域的故事，促进资源的长期保护，确定资金来源，并描述该地区的未来管理	必须符合授权立法的要求和意图
合作伙伴作用、承诺	确定合作伙伴和适当的角色，各方的行动和职责。明确活动或具体项目的责任；财政承诺，如捐款、贷款、赠款	在可行性研究的基础上，尽可能的确定合作伙伴的承诺
执行规划	概述"下一步是什么"。阐明了管理规划完成后，要采取的直接的，更详细的行动。是规划进入实施阶段的过程中，保持活力的工具	分为中期和长期计划，有3-10年期和10年以上。有时，是短期行动计划
解说规划	阐述了具体的资源将被怎样用来解说该地区的故事。明确解说哪些故事，怎样去解说，以及如何传达给具体的受众	指导教育服务，包括个人服务，解说媒体
商业规划	描述当地的协调实体作用、经营、融资和功能，列出了固定和可变的运营成本所需的人员和成本，预计出完成遗产区域项目和计划所需要的预算，并确定资金来源	应包括更具体的数字，显示资金将如何使用
绩效目标、基准、评价	给予遗产区域的工作以有益的反馈，来说明成功的水平。确定是否有必要进行一些管理变革；绩效信息也可能有助于吸引未来的资金或其他支持，通过显示当地协调实体与合作伙伴实施成功的规划的能力	当年年底完成的实际工作，可以被用来作为基准
编制、参与者名单	确定谁促成了计划的制定和文件的编制	附上他们的资质

（来源：根据BVNHC Commission, 1989等相关资料整理）

因此，其架构也较为简单。如1989年完成的《黑石河流域国家遗产廊道文化遗产与土地管理规划》的基本构架（图5-2）。

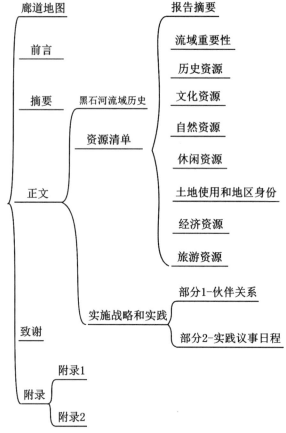

图5-2　黑石河流域国家遗产廊道文化遗产与土地管理规划的基本构架（1989）

（来源：根据BVNHC Commission, 1989绘制）

（2）近十五年的管理规划报告

近十五年，运河遗产廊道管理规划报告的内容有了明显的变化，此时规划不是只针对项目本身，而更多地增加了对环境、社会问题的考量，一般都采用多解规划，最后根据每个规划方案的环境影响评价选择最佳方案。如，2003年的斯库尔基河的管理规划报告全称为《伴河而生——斯库基尔河国家与州文化遗产保护区域最终管理规划与环境影响报告》（Schuylkill River National & State Heritage Area Final Management Plan and Environmental Impacts Statement），就是这种更加考虑环境因素的多解规划（图5-3）。

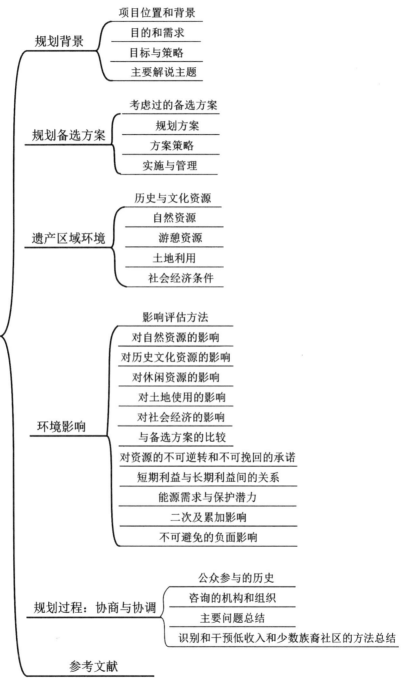

图5-3 斯库尔基河国家与州遗产区域管理计划和环境影响报告

(来源：Roberts and Todd, 2003)

由于，运河遗产廊道管理规划的有效期一般为5年（也有10年的）。5年后，重新授权时，修订前期规划形成新的规划。很多规划在2000年以后的重新修订时，都采用了多解规划的模式。如黑石河流域国家遗产廊道2006年的可持续研究规划，以及2011的特殊资源研究报告中都采用了基于环境影响评价的多解规划。

5.3 管理规划与前期研究的关系

5.3.1 与州、地方规划的关系

通常，国会授权的国家遗产廊道都不是从零开始的，这些区域往往都在州与地方政府主持下开展了缜密的规划，进行了多年发展，并积累了良好的群众基础和合作经验。国家遗产廊道的规划不是对这些前期工作的完全取代与覆盖，而是通过充分考虑，恰当整合这些现有资源，做到现有资源的最大化利用。国家遗产廊道与以往规划的不同点在于着眼于宏观区域的多目标整合，努力实现经济、文化、社会的全面振兴。

5.3.2 与可行性研究的关系

（1）可行性研究

美国国家公园管理局要求每个想要获得遗产廊道/区域提名的地区首先应有一份完整的可行性研究（National Park Service，2003），以对区域资源的国家重要性，领导阶层的水平，获得公众、利益相关者的支持情况[1]，以及获得国家遗产廊道/区域认定后，对本地发展带来的益处等做出分析与评价。

（2）管理规划与可行性研究的关系

规划一般由属于该州的国会议员提出初步方案（州长、市长也可直接提出），交由政府决策咨询部门或独立的专业机构对方案进行充实、完善后，提交州（市）长批准，议会审议。

可行性研究报告与管理规划的关系，可从它们的内容窥得一斑（表5-3）。

---

[1] 主要看是否能从地方政府、非营利组织哪里获得资金。

管理规划报告与可行性研究的关系　　　　　　　　　　表5-3

可行性研究的内容	管理规划的内容
• 定义研究的区域 • 确立公众参与的具体策略 • 确定廊道/区域对国家遗产的独特贡献与发展的潜在主题 • 制订自然与文化资源清单，确定遗产的完整性及获取环境影响的数据 • 提出可供选择的管理方式并作出初步的影响评价 • 阐释边界 • 评价遗产区域管理与融资的可行性 • 评价公众的支持度与获得合作伙伴的承诺	• 资源清单 • 解说主题 • 目标、策略和行动 • 合作伙伴的作用 • 执行规划 • 解说规划 • 商业规划 • 绩效目标和基准 • 编制者和参加者名单

（来源：作者根据NPS，2007资料整理）

对比这两块内容，我们不难发现可行性研究的内容几乎就是管理规划的前四个部分。可行性研究为管理规划的编制做了大量前期准备工作。其实，管理规划过程的具体细节，在很大程度上取决于对可行性研究的广度与深度，遗产区域里组织的数量和容量，国家遗产廊道/区域里已具备的伙伴关系水平。大量的工作会在可行性研究阶段完成。

由于可行性研究与管理规划编制存在一个时间差关系，管理规划的编制阶段将对部分内容重申、使之规范化，同时也对部分内容作出修正，并提出一些新的思路[1]。

总而言之，可行性研究与管理规划的编制是一脉相承的。可行性研究通过之后，遗产区域才能成为拟议的项目，管理规划经过国家公园局等机构审核将获得国家遗产廊道/区域的正式授权。它们都是整个申报过程中的重要一环。

可行性研究，研究确定一个地区是否是可行的，符合美国国会国家遗产区域的认定标准。授权法或其他现有的信息可能已经包含了资源调查（确立主题）、关乎国家意义的重要故事（解说主题），管理规划建立在以往的工作的基础上，并将所有信息编撰到一个文件里。

规划也包括环境评估和环境影响结论，这些文件评估可能导致备选管理规划方案实施后的潜在环境影响，确保其符合国家环境政策法。而该项工作也逐步形成了一个完善的从"可行性研究"到"管理规划"的编制体系。

---

[1] 参考www.nps.gov/csi/pdf/Blackstone%20Final%20Report.pdf。

5.4 管理规划编制团队

对于流域这种大尺度的管理对象，一个利益相关方不可能制订出一份大家都认可的流域管理规划。而流域合作伙伴组织能将众多机构、组织和个人的能力、资产结合起来，共同制订和实施流域规划，并划分各方的权利和职责，最终采取一致的行动。

5.4.1 合作伙伴规划团队的组织结构

合作伙伴制规划团队可以有不同的组织结构和方法。具体来说，运河国家遗产廊道的规划团队一般需要以下几个方面的人员参与（图5-4）：

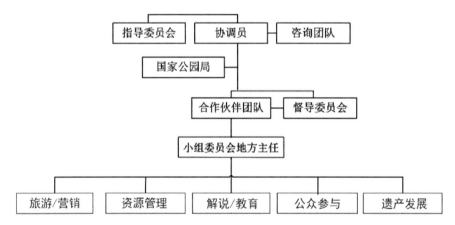

图5-4 运河国家遗产廊道的规划团队
（来源：参考相关管理规划绘制）

- 指导委员会

当地的协调实体会考虑建立一个小的规划团队或者规划委员会来领导规划，指导委员会就是一种常见的规划领导团队。它由那些对大尺度、综合性规划比较有经验的人员组成，具体结构通常是根据遗产廊道的主题和目标需要来组建，主要负责廊道规划的宏观把控。

- 协调员

运河遗产廊道的规划需要一名规划协调员来充分协调、整合与廊道相关部门、机构的工作，避免无谓的项目重复，寻求合作的机会，把零散的各种项目整合为共同的廊道项目。

• 顾问团队

顾问团队可以在规划的不同阶段提供各种帮助。根据地方协调实体的需要和预期的成果，规划的不同阶段可以聘请不同的顾问。通常，也可请一个顾问参与规划的全过程，让他为规划的不同阶段引进不同的专家。

• 国家公园管理局

运河遗产廊道的规划团队中通常都有国家公园管理局局长的代表，或国家公园管理局地方办事处的负责人作为廊道合作伙伴的身份参加。国家公园管理局的参与代表着政府的支持，这使各项工作开展起来更顺利。

• 合作伙伴团队

合作伙伴团队是州、地方组成的协调机构，与上面几方一起开展廊道规划的各项工作。

• 监管团队

还有些廊道规划团队还建立了公民咨询委员会，就合作的各方面提供咨询。当流域的大多数居民牵扯其中时，成立公民咨询委员会是最合适的，它是流域管理过程获得支持和帮助的措施。

5.4.2 合作伙伴规划团队的优势

合作伙伴关系模式是美国20世纪80年代中期，率先提出来。近年来，发展迅速，收效良好。正如，伙伴关系的先锋、建筑师查尔斯·考恩所说，建立伙伴关系后，所有参与者（建筑项目所涉及的）从一开始就以一种正式的组织形式同意着手集中进行创造性工作，并努力避免冲突。因此，人们在相互尊重、信任和真诚的基础上小心谨慎地处理工作中的关系。伙伴关系的建立让合作双方以共赢为前提，解决难题，努力促进协作团队的工作（唐艳，王倩芳译，2003）。

合作伙伴制规划团队是目前既经济又有效的流域管理规划团队。具体来说，建立流域合作伙伴制规划团队通常能（马小俊，刘文，2005）：

（1）更有效地利用财政资源；

（2）以更有创造力的和可接受的方式管理和保护自然资源；

（3）使社区承诺参与保护自然资源。

5.5 管理规划编制过程

运河国家遗产廊道管理规划的编制过程，整体上分为规划开始前的工作阶段与正式编制两块。

5.5.1 规划开始前的准备

规划工作正式开始前（尽可能的在规划过程的早期阶段），有两个重要的任务必须完成：

（1）遴选规划团队或规划领导

在正式开始规划前，必须遴选一支合适的规划团队（规划团队的具体构成方式参见5.4.1节）。

（2）确定与国家公园局的合作关系（通常是以合作协议的形式）。

在这个过程的早期，与国家公园管理局建立交流与合作伙伴关系，有助于确保区域协调实体、公园合作伙伴、国家公园管理局区域办事处一起开展规划。通常，合作协议将在地方协调实体与遗产区域的国家公园管理局合作伙伴（或者国家公园管理局区域办事处）间签订。协议规定当事几方的工作关系，提出未来一年的责任和支出（假如这个规划没有被完成，它可以作为规划第一阶段的任务和成果）。

5.5.2 规划的正式编制过程

运河遗产廊道的管理规划制定过程主要分为三个大阶段，14个小步骤进行：

（1）三大阶段简介

这三大阶段都必须在三年内完成。一般，第一阶段控制在3–6个月完成，第二阶段控制在6–12个月完成，第三阶段时间最长，需要12–24个月。

第一阶段　规划的基础工作

按照规划审查和授权法要求，评价遗产区域内的现有信息。这个阶段要制定管理规划的行动计划和议程——这就是对规划的安排。

第二阶段　确定遗产廊道愿景，制定公众参与办法

确定遗产廊道的愿景、使命和目标，物色早期的合作伙伴，为合作伙伴、利益相关者、公众下一阶段的参与奠定牢固基础。

第三阶段　拟定多解规划，选择最佳方案

第5章 美国运河国家遗产廊道管理规划

（2）14个小步骤及其意义

一般来说，管理规划大致分为以上14个小步骤（表5-4）。然而，规划是个持续的过程，无论在获得任何新的想法时，都有可能回归到早期的思路。此外，在具体的项目中规划机构可以自由地调整既定步骤的排序，或者调整三个阶段的时间框架，以便更好地适应项目的具体特点。

管理规划报告的14个步骤　　　　　　　　　表5-4

步　骤	意　义	备　注
审视现有信息着手基本表述	它定义遗产区域的基础——目的、愿景、使命和目标。为规划过程中的其余部分和后期的项目实施提供指导	建立在以前工作，以及授权法内容的基础上
确定工作范围	为规划过程做一个详细的时间表，对所有行动主题和可交付成果进行立表和描述，确保参与者能够明白下面要干什么，完成日期	由地方管理实体、国家公园局区，机构指导委员会参加
协同合作伙伴	是任何遗产区域的支柱，有利于地方协调实体保持灵活性，创新的方法去利用每个合作伙伴的专业知识	地方协调实体要向不同的合作伙伴，不同组织和个体吸收经验
发展公众参与的战略	有助于考虑拟议行动的效应，有助于当地协调机构发展可能的备选方案，以及最终管理方案，有助于人们成为积极的合作伙伴	成功的管理规划必须包括社区成员参与
勾画前景与使命	前景和使命是基本表述的重要成分，进一步讨论和决策的指导	要在合作伙伴、公众、利益相关者的充分参与下
诠释主题	解释主题的评论，也给市民交流思想的机会，让他们就想诉说的故事提出建议	在可行性研究的基础上，进一步发展
目的、目标与战略	目标往往可以开发出不同的资源或活动领域，如资源保护和提升、教育和解释、娱乐、旅游、社区振兴，或者其他类别。一旦所需的条件明确，地方协调实体可以寻找策略和行动创造这些条件	发展遗产区域总的目标，将为随后发展的具体项目构建一个坚实的框架
信息汇总，为编制多解规划做准备	为推进和实施遗产区域的行动制定备选方案或替代选项	建立在第二阶段，地方协调实体与合作伙伴，公众一起工作的成果基础上
完成基本表述	使发生在第二阶段的工作正式化和精练化，概括了遗产区域的基础、目的、愿景、使命和目标	前后所有的决定和选择应符的基础表述
编制多解规划	反映当地的协调实体和合作伙伴可以不同的方式实施行动，是授权法的要求	应符合遗产保护区的目的和意义，并充分考虑对环境的潜在影响

续表

步　骤	意　义	备　注
分析备选方案，选择最佳方案	识别一个可行性的，可防御的，考虑环境的，最能够满足遗产区域使命、目的和社区需要的备选方案	每个备选方案对自然资源、休闲资源、文化资源和社会经济资源，土地使用和管理的影响
起草管理规划	把以前所有关于管理规划步骤的工作都集中到一起，制定一个精确的时间安排表，把它纳入整个工作的范围	要安排内部审查，以确保规划能够满足国家公园局、国家环保局和法律的所有要求
规划审查	使最终规划成果获得官方认可	这个审查过程应包括在的分配给管理规划的为期3年时间内
最终规划出版	将规划提供给与流域利益相关者，支持者	应考虑各种表格和表现技巧

（来源：作者根据NPS，2007资料整理）

这14个步骤如图5-5所示：

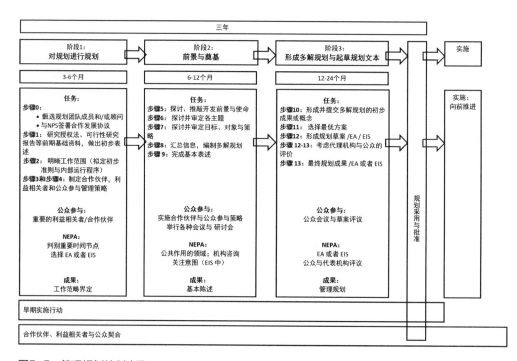

图5-5　管理规划编制步骤

（来源：NPS，2007）

5.6 管理规划的特点

尽管，运河国家遗产廊道的历史比较短，其规划的内容、形式、程序尚未形成既定的模式。然而，整体看来，这些规划大同小异，也基本形成了较为鲜明的特点。下面，本文将从内容和形式的灵活性、步骤的穿插性与不确定性、规划过程的公众参与性、审查的严格性、重视环境影响评价五方面分别展开论述。

5.6.1 内容和形式的灵活性

由于运河国家遗产廊道的基层性，以及历史比较短等原因，其内容和形式上比较自由和灵活。目前，国家公园管理局对运河国家遗产廊道管理规划的内容并没有做出严格的限定，只提出了8条暂行要求[1]：

①各种政策、目标、战略和建议的陈述；

②行动和承诺的描述；

③规范现有的和潜在的资金来源/经济发展策略；

④自然、历史、文化、教育、风景和休闲资源的调查；

⑤资源管理的建议政策或策略；

⑥管理规划实施的程序；

⑦分析和建议协调地方、州、部落和联邦的方法（包括国家公园管理局，以及与国家遗产区域相关的其他联邦机构）；

⑧商业规划。

5.6.2 步骤的穿插性与不确定性

理论上，规划的理论模型是：收集数据及资料——分析问题——确定规划目标——提出多种方案作比较——优选最佳方案——执行、实施所选的方案——收集反馈意见，理论模型把规划工作分成若干步骤，整个规划过程呈线性，似乎十分有序。

由于运河国家遗产廊道是由社会、经济、环境和资源等众多因素构成的复杂系统，具有多目标性和不确定性等特征，其规划是为动态的、复杂的、非线性的环境

---

[1] 参考www.nps.gov/history/hps/pad/PlngPrinc.html。

所做的方案。整体上，这种规划是基于一种不确定性思维模式的情景规划[1]（或者叫预景规划）。较之传统的规划模式[2]，预景规划是一种长期规划工具，其着眼于未来状态，通常有一个未来的预景（运河国家遗产廊道的愿景一般20年），从关键因素入手，试图构建切实可行的未来发展模式的多解规划（通常三至四个）（俞孔坚等，2004）。这种复杂性与不确定性特点，造成其规划步骤上经常会前后穿插。

因此，真正的运河国家遗产廊道管理规划充满着不确定性，其步骤并不完全是线性的，往往许多工作步骤都是穿插进行的。例如收集资料方面，在可行性研究阶段就做过这项工作，规划正式开始后还要进一步收集资料，在规划过程中获得了某种新的灵感，又可能会再次收集资料。因此，在其规划过程中，原以为是结果的东西，有可能只是个过程，原以为是过程的东西也可能成为结果。

5.6.3 规划过程的公众参与性

运河国家遗产廊道规划涉及众多的利益相关者，公众的参与是其工作的基础，也是其成功完成规划的保证。

（1）公众参与的重要性

作为基层性的保护与开发运动，公众是主要的资金来源，是规划的重要执行力量，也是规划的服务对象。公众参与廊道规划可以集思广益、拾漏补遗，避免规划师或规划师团队受专业和社会角色的限制，无法全面考虑规划各方面的影响因素，造成规划脱离廊道实际的情况，使规划成果更合理，决策更科学，从而提高规划的有效性和可操作性。公众参与廊道的规划也有助于实现规划工作的民主化、透明化、公平性和公正性。此外，运河国家廊道计划的最终理想是实现廊道自治，规划过程中广泛的公众参与也是对公众自治能力的历练。

（2）公众参与的特点

①层次高

按照美国规划师谢莉·安斯汀（Sherry Arnstein）公众参与的阶梯理论（Arnstein S. R.，1969），将公众参与比作一个梯子，共分三大层次，八小级别，从下到上

---

[1] 首先由美国国防部在19世纪50年代提出，当时，卡恩（Kahn）运用预景思维提出了未来并不是简单的有核战争和无核战争的世界，而是处于有无核战争之间的不同状态上，它打破了认为要么爆发核战争，要么不爆发核战争的传统看法，给美国军方以崭新的战略思维，并被运用于各级军官的日常训练中。
[2] 传统的城市规划理论认为，只要拥有足够的信息，建立完备的模型，就可以准确的预测未来，然后提出相应的对策，因此传统的城市规划由于高度的计划性和刚性。

第 5 章　美国运河国家遗产廊道管理规划

公众参与的程度和真实性逐渐提高的说法（图5-6），运河国家遗产廊道的规划中公众是以合作伙伴形式参与的应属于三大层次中的最高层次——有实权的参与。

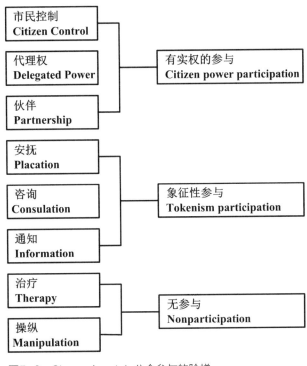

图5-6　Sherry Arnstein公众参与的阶梯
(来源：Arnstein S R., 1969)

②深度大

在美国运河国家遗产廊道规划过程中，公众参与贯穿于数据资料收集、问题分析、规划目标确定、提出多种方案作比较、优选最佳方案、规划的自审等规划编制过程中，也贯穿于规划实施后所进行的规划调整，以及修编方案的决定等规划实施与管理过程中。总之，整个规划过程是与公众一起开展的。例如，在编制2005版的《伊利运河国家遗产廊道管理规划》过程中，为了解释廊道的目的、任务，收集周围社区公众的意见和建议，从2003年12月到2004年1月，规划的专家团队与公众一起召开了公共会议。2005年7月，为了介绍保护和管理规划草案的和环境影响评价,以及征求公众意见,又召开了8次公众审查会议[1]。

③范围广

公众参与的范围涉及普通市民、弱势群体以及社会团体、社区组织等各利益相关者。

④形式多样

可以采取圆桌会议、小型研讨会、问卷调查、公众访谈、大型集会、听证会、非营利组织等多种形式。

5.6.4 审查的严格性

运河国家遗产廊道规划的最后通过需要经历一段严格的审查程序。当最终方案准备就绪后,报告通常要接受30天的公众审议,在审议期内国家公园管理局以公共会议、电子邮件、纸质信件的方式收集公众的意见[2]。在公众审议期临近结束时,国家公园管理局将审阅所有公众意见,并决定是否要对这个规划做相应的调整。公众审议程序完成后,当地的协调实体将管理规划提交给国家公园管理局区域办公室的遗产区域协调员,去接受政府的审批。通常审批遵循以下流程[3]:

①区域协调实体向国家遗产区域事务地方办事处协调员提交管理规划;

②协调员协调区域办公室内合规办、文化资源项目办、规划办等机构的文件审查程序;

③协调员将收集所有意见,并使区域协调实体时刻清楚规划文件当前走到哪一步了。如果区域办事处的评议认为问题很严重,协调员将与当地协调实体一起解决这些问题(在这个过程的早期阶段,与区域办事处一起工作,以便尽早解决一些问题,是有好处的,避免了后期审查阶段的根本性改变);

④根据国家环境保护局要求的环境评估,按照合规办的要求,区域协调员开展"无显著影响发现"(FONSI)/"决策纪录";

⑤区域办主任签署无显著影响发现(FONSI)/决定纪录(ROD);

---

1 参考相关管理规划。
2 电子的方式可以登录国家公园局规划、环境和公共评议网站:http://parkplanning.nps.gov。
也可以发电子邮件到:Ellen_carlson@nps.gov。
东北区的可以寄信给:Ellen Carlson National Park Service Northeast Region,Boston Office 15 State Street Boston,MA 02109。
3 参考相关管理规划。

⑥管理计划、无显著影响发现（FONSI）/决策纪录（ROD）、州长与国会代表团的支持信件，一并被提交给华盛顿国家公园局主管文化资源的副局长[1]；

⑦通过野生动物、鱼类和公园管理局副局长签署之后，国家公园管理局局长将文件送交内政部长签署和批准；

⑧规划报告提交国会审议。

5.6.5 重视环境影响评价

环境影响评价（Environmental Impact Assessment，EIA）是指对拟议中的建设项目、区域开发计划和国家政策实施后，对可能产生的环境影响（后果）进行系统性识别、预测和评估。环境影响评价的根本目的是鼓励在规划和决策中考虑环境因素，最终达到更具环境相容性的人类活动（程水源等，2003）。美国早在1969年，就颁布国家环境政策法（NEPA），要求对环境影响建立相关评价制度。

30多年来，随着环境污染和生态破坏在全世界的扩大和加重，人类对环境影响的认识也在逐步加深，环境影响评价制度也经历了不同的发展阶段（陆书玉等，2001）：

（1）环境影响评价方法论发展阶段（1970—1975年），侧重识别、预测和减缓可能发生的生物、物理影响；

（2）多尺度环境影响评价阶段（1975—1980年），开展社会影响评价、风险评价、景观影响评价，强调公众参与、替代方案；

（3）程序调整阶段（1980—1985年），注重监测、审计、工艺评估及环境纠纷的解决；

（4）可持续发展原则引入阶段（1985—1990年），围绕可持续发展战略的三个主要方面：生态持续性、经济持续性、社会持续性开展了区域环境影响评价、累积环境影响评价和环境影响评价国际合作；

（5）战略环境评价（Strategic Environmental Assessment，SEA）阶段（1990至今），开展战略环境评价，从决策源头控制环境污染和生态破坏。

美国是最早将SEA制度化的国家，早在1970年美国《环境质量改善法》的第102

---

[1] 从区域办事处提交规划给华盛顿国家公园办公室副主任，必须要给予国家公园局长90-180天时间审核和签署。

条中就规定：任何对人类环境产生重要影响的立法建议、政策及联邦机构所要确定的重要行动都要进行环境影响评价（尚金武，包存宽，2004）。美国环境质量委员会已明确要求实施SEA的主要行动有官方政策、正式计划和规划。其环境保护局（EPA）、能源部（DOE）、住房部与城市发展部（HUD）、交通部（DOT）及林业署（FS）等都成为SEA的主管部门或主要完成者（Thérivel R.&M. R. Partidário, 1996）。

由于环境影响评价早期主要运用于单个项目上，还没有针对政策、规划或计划，后来人们认识到在单个项目上的局限性，就开始将注意力逐渐转移到战略规划上来。因此，2000年以后，遗产廊道/区域陆续采用了附有战略环境评价报告的多解规划方案。

5.7 本章小结

运河国家遗产廊道管理规划是廊道委员会在国家公园局援助下，为廊道管理建立的行动指南，是深入研究该模式的重要依据。其性质、目的、内容，规划的编制团队，编制过程，以及规划的特色是构成该模式特点的组要组成部分。因此，本章分五大部分对其分别展开论述。通过研究发现，其是由目标搜索入手，经目标确定——目标表达——目标分析，到制定预景式[1]多解规划的过程。整个过程是由国家引导，地方为主，多合作伙伴参与的草根式保护与发展规划。它是以资源保护为前提，经济/社会发展为重要目标的战略规划。因此，环境影响报告通常是其多解规划方案最终抉择的重要依据。

本章在全书中是继"第4章美国运河国家遗产廊道运作机理"之后的继续深入论述，共分为：管理规划概况、管理规划的内容、管理规划与前期研究的关系、管理规划编制团队、管理规划的特点，以及本章小结6个部分。

---

1 这种预景式规划是现今欧美国家广泛运用于中的，处理动态的、复杂的、非线性和不确定性战略规划的最好方法之一（转引自俞孔坚，周年兴，李迪华 "不确定目标的多解规划研究——以北京大环文化产业园的预景规划为例"［J］规划方法. 2004年第28卷第3期VOI，2RN03 MAR2004 57-61）。

第6章 美国运河国家遗产廊道管理模式特性解析

在上一章对运河遗产廊道模式概述的基础上,本章拟从宏观层面上就该模式的特性做进一步的解析。首先,从该模式的理论模型对模式的基本属性进行解读。然后,从多角度对该模式的特点进行剖析。

6.1 模式基本属性的解读

由于,运河国家遗产廊道是一个长期计划,它是关于区域可持续发展的战略规划。因此,有必要通过模式的理论模型,从纵向的角度明晰其"启动——运转——未来发展方向"的构想,以便进一步弄清该战略规划模式的特性。

6.1.1 项目理论模型的构建背景

经过三十多年的摸索,如今国家遗产区域已成为美国国家公园管理局参与项目中,数量增长最快的类型,人们逐渐认识到构建遗产区域工作的理论模型,并通过一系列合作伙伴的采访,来检验这个模型已成为当务之急。2006年,国家公园系统咨询委员会在关于国家遗产区域的报告中陈述:随着时间的推移,越来越需要投资研究国家遗产区域的协作过程,以便更好地理解和保护伙伴关系网络,更好地评估认定的成果,以及资源保护、社区和经济发展的伙伴关系(National Park Service,2005)。

随后,在特拉华·利哈伊运河国家遗产廊道(Delaware & Lehigh National Heritage Corridor)、凯恩河国家遗产区域(Cane River National Heritage Area),尤其是黑石河流域国家遗产廊道(John H. Chafee Blackstone River Valley National Heritage Corridor)的定性研究中,国家公园局开始了运河遗产廊道项目理论模型的探索。该项目理论模型的构建立足于相关文献的回顾分析[1]、实地考察、参与观

---

1 用于构建这个理论模型的文件包括国会听证会、国家遗产区域的灰色文件(如,国家遗产区域地图,国家遗产区域管理规划,国家遗产区域联盟文件),以及描述国家遗产区域当前趋势和最好的保护实践的各种文献(e.g., Brown and others 2005; Cronon 1995; Minteer and Manning 2003; Phillips 2002)。

察、非正式访谈，以及与国家遗产区域管理者、员工、合作伙伴会议研讨等大量基础性工作。

6.1.2 项目理论模型的内容

美国运河国家遗产廊道运作过程的项目理论模型，由6个基本要素组成（图6-1）[1]。它们分别是：①国家遗产；②合作框架；③国家公园局的连接；④构建网络；⑤可持续发展的网络系统；⑥长期目标。其中，"运河遗产"是这种运河廊道区域化保护模式存在的前提。它是把该地区各合作伙伴联系在一起的内在纽带，是该地区活动的基础，保护与发展该廊道是它们的共同目标；构建合作框架实际上包括合作框架与共同愿景两部分；国家公园局的参与意味着可以得到一定数量的资金与技术支持，也包括国家公园管理局的品牌效应；网络的构建是建立在前三步基础上的，当前三步的条件都具备时，才能构成这个强大的合作伙伴网络系统。这个网络包括了社区领导人、市政官员、州与联邦机构，以及商业团体、非营利组织等等；构建一个可持续的网络系统是这种管理模式存在的生命力。因为，这种遗产区域模式是一个大尺度、多目标整合、多方合作的区域保护与发展模式，在业界被称为"一种新型的国家公园"，或"国家公园的未来模式"，他不可能是一个短期行为，如果这种模式只能昙花一现，它就没有存在的必要和可能，所以它必须具备可持续性；该理论模型的最后一步是实现运河廊道区域保护与发展的长期目标；长期目标是前面的五个要素共同作用的良性结果。

图6-1 美国运河国家遗产廊道模式的项目理论模型
（来源：www.nps.gov/csi）

6.1.3 项目理论模型的性质和作用

（1）运河遗产廊道项目理论模型的性质

该模型反映了运河遗产廊道项目的工作方式，实现其预期构想的过程，同时也反映了项目各组成部分之间的内在逻辑。它是现实世界中非常复杂的遗产廊道/区

---

[1] 参见www.nps.gov/csi/pdf/Blackstone%20Final%20Report.

域模式运作方式的概括。

（2）运河遗产廊道项目理论模型的作用[1]

①为该模式的发展方式、方向等基本属性做了定位。

②它为利益相关者提供了保护、规划、实施过程各个阶段明晰的解释，便于利益相关者参与整个过程。

③它为评价廊道效率，进行相应的调整和改善提供依据。

6.1.4 基于理论模型的模式基本属性解读

从项目理论模型的特性分析中，我们可以发现运河遗产廊道是一个整体性、网络化的保护与发展模式，由两张网组成，一张是有形的网，另一张是无形的网，这两张网一明、一暗，交相呼应；从保护与发展的地理空间形态上看，它是一张有形的网。从区域遗产的主题上来说它是一张无形的网，将利益相关者紧密联系起来，为区域的全面振兴共同努力。

这种网络化管理模式需要基层的广泛参与，将多种目标进行整合，实现合作伙伴之间的协同管理。此外，网络化管理的属性赋予其动态性，基层自治管理也为其带来了成本有效性的特点。

6.2 模式基本特点的剖析

这种新型管理模式主要具有管理主体的基层性、管理方式的协同性、管理目标的整合性、管理进程的动态性四方面特点，本节拟从这几方面做较为深入的剖析。

6.2.1 管理主体的基层性

（1）管理主体的组成及其主要职能

在国家授权期限内，运河国家遗产廊道是通过遗产廊道委员会来管理的。通常，廊道委员会是由国家公园管理局、州和地方政府，非营利组织，以及其他利益相关团体、个人组成的。从廊道委员会这个管理主体的人员构成上来看，来自联邦

---

[1] 参见www.nps.gov/csi/pdf/Blackstone%20Final%20Report.

的人员非常少，基本上是由州、地方政府、普通民众与非政府组织开展的地方自治管理。以伊利诺伊—密西根运河国家遗产廊道委员会为例，其廊道委员会成员由：国家公园管理局的指导或代表1名，州与地方政府代表3名，林业保护区人员1名，县代表4名（廊道经过的4个县，1名/县），历史、考古、历史保护、休闲与自然资源保护方面的成员5名，共有19名成员组成（Public Law. 98-398，1984.）；在授权期限结束后，虽然国家遗产廊道的地位还保留，遗产廊道委员会将解体，交由非政府组织协会或公司管理。因此，非政府组织始终是国家遗产廊道运作的主要协调管理机构。

下面分别从国家公园管理局、州政府、地方政府与非政府组织与个人4个方面，进一步阐述国家遗产廊道管理主体的特点。

①国家公园管理局

在早期阶段，国家公园管理局作为国家遗产廊道的合作伙伴，帮助勾划前景，加强合作伙伴之间的联系，为美好的未来编制可操作的规划，从而帮助它们获得联邦认定。此时，国家公园管理局主要起到一个"召集人"与"催化剂"的作用。

在遗产廊道获得国会认定后，国家公园管理局将会为其提供管理、政策、技术和公共信息，以及少量资金等多种类型的援助。在这个阶段，国家公园管理局主要起到"推动者"的作用。

在国家遗产廊道授权期结束后，国家公园管理局逐渐退出廊道的协调管理机构，但合作伙伴身份依然保存，在必要的时候还会提供信息、技术，乃至资金的援助。

回顾遗产廊道项目的整个过程，国家公园管理局在遗产廊道的运作过程中，以一个合作伙伴的身份出现，分别扮演了"召集人"、"催化剂"与"推动者"的角色，而并不参与直接的管理。它之所以能起到这些作用，与以下两方面分不开：一方面，国家公园管理局具有丰富的经验，良好的人脉关系，充沛的信息资源；另一方面，它是联邦政府的代表，其"国字号"的品牌使其开展各项工作相对容易。他在将资金拨给遗产廊道的同时，无形中也授予对方以光环。

②州政府

州政府主要负责对廊道遗产价值的全面调查，确认其历史意义，并为其构建初步规划设想。在州层面的相关部门主要有：州环境管理部门、州经济发展部门、州历史保护办公室、州交通运输部门、州规划办公室等。州政府是廊道能否成功的一个比较关键因素。

③地方政府

地方政府是国家遗产廊道保护与发展的重要合作伙伴，有效的地方总体规划、区域规划和政府计划有助于实现资源保护与经济提升的同步发展。

④政府组织与利益相关个人、团体

大量非政府组织与利益相关个人、团体参与管理是国家遗产廊道模式的一大特色，也是本模式成败的关键。这种管理模式中，经常可以看到大量的非政府组织奔赴在廊道保护与区域振兴的第一线。此外，当地的学校，从幼儿园到大学都可以为廊道计划作出贡献。青年学生可以参与到口述历史，区域保洁的工作中来。高级的研究机构，可以推动急需的相关学术研究，产生廊道战略取得成功所需的先进理念，扩大廊道模式在学术界的影响；商界人士可以在商业中心振兴和旅游规划等方面起到重要作用。民族和兄弟组织、流域协会、博物馆、历史保护协会、娱乐和环保团体、花园俱乐部，给人们带来了大量的节日娱乐活动，使廊道本来枯燥的管理和经济活动变得丰富多彩。

（2）管理主体的特点

通过上面对"遗产廊道管理委员会"这个管理主体的剖析，我们不难看出运河国家遗产廊道模式是一个国家支持，地方主导，以非政府组织为生力军的草根性质的区域保护与提升运动。有人把这个管理模式形象地比作盖房子，联邦政府为这个房子搭起基本的骨架，州政府为它加上了檩条和椽子，地方政府为其装上了门窗，非政府组织为其添砖加瓦。它反映了在一个权力下放的时代，联邦政府和州政府，将对规划和政策措施的控制转移给地方政府、第三方人员或非营利组织，在开展社会计划和服务时赋予更多的本地化努力（Pack K. L., 2006）。这种去中心化的管理模式，鼓励地方政府和非营利组织结成联盟，以启动和开展项目。

这种基层参与性贯穿遗产廊道模式运作的整个过程，从最初的适应性与可行性研究中就明显要求调查公众的支持度，在遗产廊道模式规划的编制，以及规划的实施等各阶段都要求公众参与讨论；参与的方式有很多种，有直接参与廊道委员会的日常管理，有与专家一起开展小型研讨会，也有间接的通过网络投票表达决议等等。

这种基层参与管理的模式有以下几个优点（Aas C., Ladkin A. & Fletcher J., 2005）：

①有利于发现潜在的合作伙伴，进而更容易吸引民间资本的投入；

②有利于及时发现问题，增强了处置问题的有效性；

③有利于不同社区、不同价值观之间交流与碰撞，从而激发廊道管理模式探索过程中的创造性，催生廊道区域的独特性；

④有利于管理模式的多元化，使原来生硬的官僚式管理变得更加富有亲和力；

⑤有利于区域内各利益相关团体"公益心"、"包容性"、"奉献精神"的培养；

⑥有利于运河国家遗产廊道模式的可持续发展。

这种基层参与管理的模式的缺点：

①参与管理的基层人员往往经验不足，有些还是兼职人员，不能够全身心的投入；

②一定程度上会延缓各项工作的进程。

由于，美国历史与文化遗产很多都掌握在私人手中等原因，基层参与保护已具有悠久的历史和光荣的传统，也积累了宝贵的经验。从1853年安·帕玛拉·坎宁汉姆小姐（Ann Pamela Cunningham）发起名为"保护沃农山住宅妇女联合会"（Mount Vernon Ladies' Association of the Union）的妇女志愿团体到"国家历史保护信托"，公众一直是历史与文化遗产保护的主力军。

但是，这种集文化、经济、社会目标于一体的大尺度的文化景观保护运动中，基层参与的模式还在摸着石头过河，处于逐步尝试的过程中。它在带来便利的同时，也必然带来一些新的问题，如参与各方将怎样处理彼此之间的关系，来协同管理等一系列问题。

6.2.2 管理方式的协同性

在过去的几十年里，保护区的模式发生了翻天覆地的变化。其管理也相应地出现了多元化的方式（表6-1）。

运河国家遗产廊道就是其中一种创新管理方式。它是由多个合作伙伴为了廊道保护与区域提升这一共同目标，共享现有资源，协同一致，最终通过共同的努力达到整体效应大于部分之和的结果。这种协同管理中协同的概念区别于协调、协作。协调指整体的各部分之间相互配合得当，只是处理问题的一种方法。各部门成员之间有一定的共识却不一定有共同目标存在。协作是指多个独立的成员，由于某种工作关系，工作在一起，参与同一过程，执行某种行动。而协同则是最高级别或层次

20世纪70年代保护区与当前保护区管理办法之差异 表6-1

	过去的保护区	现在的保护区
保护的目标	封闭式保护，建立壮观的重要野生动物和风景保护区，而主要为旅游和科学价值保护	兼顾社会和经济目标，通常为了科学、经济和文化而建立；与当地人一同管理，考虑"荒野"的文化重要性，也采取恢复与重建的办法
管理	中央政府负责运作	许多合作伙伴一同运作
与当地人的关系	规划、管理不考虑当地人的意见	为了当地人的利益和当地人一同管理，在一定程度上实施地方管理，以满足当地人的需要
与外部环境关系	孤岛式"分割"管理	规划成国家、区域和国际体系的一部分；构建严格保护区、缓冲，并通过绿道连接形成网络
对保护对象的态度	主要被认为是作为国家的资产；考虑问题着眼于本国	作为社区财产；考虑问题着眼于全球
管理方式	在很短的时间维度被动管理，是以技术专家为主的管理	适合长远管理；管理带有政治考量
管理资金来源	纳税人	多方资金来源
管理技巧	科学家、自然资源专家主导	由多技能的人员管理；借鉴当地经验、知识

（来源：作者根据NPS，2004相关资料整理）

的协作，协同的各个部分之间是相互依存不可替代的，它要求协作方彼此同心协力、相互依存、相互配合，共同工作、共同发展，最终完成共同任务，实现共同的整体目标（靖大伟，2007）。协同管理的核心目标是为了实现协同效应。运河国家遗产廊道协同管理的目的是通过某种方法来组织或调控，使运河廊道系统达到协同状态，从无序转为有序。廊道系统协同程度越高，所产生的协同效应就越大，从而廊道系统的整体功能大于各部分子系统功能之和。运河国家遗产廊道的协同管理是其管理模式的一大特色。

下面，分别从运河国家遗产廊道实现协同管理五的大要素、管理技巧，以及其协同管理的特点3方面分别进行阐述：

（1）运河国家遗产廊道协同管理的四要素

运河国家遗产廊道要实现协同关系必须具备以下四个基本要素：

①成立管理机构

如前文所述，国会在授权成立国家遗产廊道的同时，也授权成立其廊道委员会。廊道委员会由国家公园管理局的代表、州与地方政府代表、专业技术人员组成的机构，负责资金和技术帮助，协调合作伙伴，监督廊道计划的实施。它实际上扮演的是廊道计划的支持者和激励者，在廊道计划的早期阶段主要从事交流、公共宣传、联合可靠的合作伙伴和利益相关者建立积极的伙伴关系等活动。

②建立管理框架

地方协调实体和遗产区域的公园合作伙伴（或者国家公园局区域办事处）间签订合作协议。合作协议是联邦机构、州或地方政府、部落政府、非营利组织，或其他方之间的正式关系的法律文书。它规定当事几方的工作关系，为资源共享和协同工作建立了框架。

③勾划共同愿景

协同管理是通过自愿的方式开展工作的，只有当他们拥有共同的"愿景"时，才具有内在的凝聚力。因此，要实现廊道的协调管理，必须制定廊道的共同愿景，建构廊道计划的纽带，加强廊道的联系，增强廊道的韧性。在廊道计划遇到分歧、挑战或压力的时候，合作伙伴为了共同的愿景，会通过重新调整方向和调整优先次序等协调的方式解决问题。

④甄别利益相关者

运河遗产廊道利益相关者的甄别，既有助于廊道计划体现整个区域的利益，又有可能发觉更多合作伙伴。具体来说，运河国家遗产廊道利益相关者有广义与狭义之分。广义的利益相关者是指任何"个人利益"或"法律利益"与遗产区域计划相关的人。任何在美国纳税的人，皆可以被认为是利益相关者。狭义的利益相关者指的是廊道/区域边界内的当地公民或土地所有者（Martin-Williams S., 2007）。这就意味运河遗产廊道有大量的利益相关者（表6-2）。然而，利益相关者并不一定愿意积极地参加到廊道计划中来。随着廊道计划的深入，廊道委员会需要通过甄别大量利益相关者，争取与更多的组织机构、个人签订合作协议，建立伙伴关系，以便获得融资，从而更经济、有效地完成其使命。

（2）运河国家遗产廊道协同管理的技巧（Tuxill J. L. & N. J. Mitchell., 2001）

①了解彼此的文化

合作伙伴在准备进行协同管理之前，应该研究、了解彼此的文化，做到知己知

第6章 美国运河国家遗产廊道管理模式特性解析

运河遗产廊道利益相关者 表6-2

社区组织	政府管辖区/机构	公用事业公司	附近居民	当地商业
休闲俱乐部（骑单车，马术）、环保组织、老年组织、花园俱乐部、残障人士、历史学会、业主协会、农业组织、当地的PTA，基督教青年会	市或镇、县、州、联邦	通讯、电力、煤气公司	林农、农民、渔民	商会

（来源：作者根据相关资料整理）

彼，这样合作起来会比较默契，会缩短磨合期，提高效率。

②共享控制和决策

合作伙伴在进行协同管理时，必须分享控制和决策权，避免权利向某一方倾斜，这样有利于协同管理各方之间的利益平衡，有利于这种协同管理的可持续进行。

③积极分享信息和交流

和其他所有的系统一样，由于目标、观念、价值的不同，运河国家遗产廊道项目组织中也会存在摩擦和冲突。积极分享信息，良好的沟通是化解合作伙伴之间矛盾，协同一致的润滑剂，利益各方应该持续保持各种渠道的信息畅通。

④尊重对方

在协同管理的过程中，利益各方应互相尊重，决策不依据对方的融资多寡，强大还是弱小，应依据方案、措施的可行性。

⑤平静地对待分歧

运河国家遗产廊道项目的冲突是不可避免，我们只能有效地化解冲突，将冲突转化为合作，而不能回避冲突和畏惧冲突。

（3）运河国家遗产廊道协同管理的特点

①在获得有形效益的同时，也获得巨大的无形效益。

运河国家遗产廊道通过协同管理，既可以获得非政府组织、商业团体巨大的资金帮助，也可以获得国家公园管理局的品牌效应，廊道整体包装、解说产生的规模效应等无形资源。

②在空间维度上，具有组织目标协同、组织结构协同、地域间协同、技术与学科领域协同等多种协同。

③在时间维度上，具有先后协同和同步协同。

先后协同要求协同要素发挥作用过程中的时间衔接和能量积累，而同步协同重点强调结构性功能较强的要素的协同作用。对于运河国家遗产廊道这种大型项目组织来说，项目生命周期中包括项目概念阶段、项目定义阶段、项目实施阶段等，各种各样的冲突不可避免地出现在各个阶段。如果在项目各阶段能解决好冲突，使冲突双方从对立面走到一起来，把各自的目标统一到共同的发展上，紧密合作，相互依存，形成有序竞争，最后实现"双赢"，甚至"多赢"（Martin-Williams S., 2007）。

6.2.3 管理目标的整合性

运河国家遗产廊道保护目标的整合性是"流域管理整体论"的体现，这种整体论方法有点类似中国的中医理论，即中医在治疗时，将人体当成一个整体来看待，而不是头痛医头、脚痛医脚（Gary R., 1998）。运河国家遗产廊道管理目标的整合主要体现在文化遗产保护、生态环境保护、游憩经济发展三方面。

（1）文化遗产保护与生态环境保护

①文化遗产对生态环境的依赖

起初，人们就是因为运河带来的自然美景，廉价便利的能源与交通，而沿河生产、生活。运河是"运河儿女"的母亲，运河自然环境是创造运河文化的载体。运河自然环境一旦恶化就必然会影响到运河文化遗产的整体面貌。如，运河的污染、侵蚀必然会伤及运河两岸的工厂、码头、历史街区等重要遗产资源。运河廊道与它所连接的各遗产单位已是一个互相作用的整体，无法分而视之。

②生态环境对文化遗产的依赖

生态环境对文化遗产的依赖主要表现在两方面。一方面，生态环境因文化遗产的地位而获得联邦的关注。国会因为文化遗产的国家意义，而授权将其连同周围的生态环境进行整体的保护，这既为运河环境的整体保护提供了政策驱动，又为其提供了资金与技术的支持。另一方面，生态环境从遗产旅游获得大量保护资金。运河国家遗产廊道名义上虽有国字号的头衔，实际上它是地方主导的草根性区域保护与振兴运动，它的大量保护资金要靠遗产旅游开发的盈利。文化遗产为运河游憩活动带来了巨大的附加值，也就为运河生态环境的保护带来了充裕的维护资金。

（2）文化遗产保护与游憩开发

文化遗产保护与游憩开发都是运河国家遗产廊道实现区域振兴的重要手段，二者紧密相连，不可偏废。一方面，遗产保护为游憩开发提供文化资源，游憩开发为遗产保护提供资金，这二者是相辅相成的关系，关键要坚持适度的原则，适度的开发不仅不伤害文化遗产，而且能促进遗产的保护，甚至促进区域经济、社会的可持续发展。

（3）生态环境保护与游憩开发

生态环境保护与游憩开发是鱼与水的关系。生态环境保护是一切游憩活动开展的基础，没有良好的生态环境与运河相关的游憩活动都难以开展。运河遗产廊道的保护与开发的第一步通常都是治理生态环境。只有生态的逐渐改善，才能使人们对运河的态度由疏远逐渐转变为渴望接近，最终让运河重新成为该地区的骄傲。最终恢复对运河的骄傲。然而，适度游憩开发也可以为地区经济的繁荣注入新的活力，当然也就为生态环境保护带来了持续的资金和动力。但是，开发以地区生态环境的承载力为前提，超出生态环境的承载力，无疑又要重蹈运河区域环境恶化的覆辙。

如前文所述，在文化遗产保护、生态环境保护、游憩开发是运河国家遗产廊道的三个基本目标。一般情况下，生态环境保护提供物质基础，经济是区域发展的活力，文化遗产保护维系和提升区域的灵魂，好比人的肉体、血脉、精神状态三者之间的关系。

在美国运河国家遗产廊道项目中这三者是一个"三拼倒三角"的关系（图6-2），缺一不可。这三者之间，文化遗产保护、生态环境保护是游憩开发的基

图6-2 文化遗产保护、生态保护、游憩开发之间的关系

础。尽管，在每个项目中这三者可能会稍有侧重，但总体上要保持平衡，否则这个体系将要垮塌；如果将这三元概括为二元关系，前两者属于保护的范畴，游憩属于开发的范畴，他们的关系可以被大致地分为保护与开发的关系，在遗产廊道中保护与开发犹如车之两轮，鸟之两翼，缺一不可。保护是前提，良好的开发也有利于可持续的保护。

总之，在运河国家遗产廊道项目中应将这三个基本目标进行充分的整合，辅以教育与解说等手段，实现区域生态、经济、文化、社会的全面发展。

6.2.4 管理进程的动态性

运河遗产廊道不是玻璃罩下的展品，是活态的景观，也是历史延续、文化传承，自然环境可持续利用，区域振兴的重要手段。因此，它的管理进程必然是动态的。

（1）运河国家遗产廊道动态管理模式的来源

①理论来源

运筹学与控制论是20世纪40年代兴起的一门富有特色的学科，主要致力于解决工程技术和社会经济发展中的实际问题，既有重要的基础理论研究意义，又有广泛的实际应用前景的综合性学科。该学科在系统论分析的基础上，对动态系统提出了动态规划（这里的"规划"是广义规划概念）的方法，认为有些事物与过程的目前状态和过去的决策有关，今天的决策将影响到未来的状态（郑利军，杨昌鸣，2005）。

②实践来源

在历史/文化景保护方面早期探索中，人们忽视了景观的动态性特征。如美国新墨西哥州的圣塔菲（Santa Fe）就是一个典型的案例。这个城市几乎以同一本操作手册规定了建造者和建筑师们在历史街区的工作程序，它指定了仅能运用的两种风格：采用真正当地传统材料黏土砖建造的"老圣塔菲风格"，和采用外观像黏土砖的现代材料的"新圣塔菲风格"。在这种制度下，圣塔菲大多数建筑在显示了较为统一的面貌的同时，也失去了应有的活力（应四爱等，2004）。美国加州大学伯克利分校建筑系教授斯皮罗·克斯托夫（Spiro Kostof）对此提出了严厉的批评："圣塔菲毫无生气的历史真实性，为一个理想的过去建立起偶像，使居住在此和来参观的人能在他们天真的崇拜中得到享受。""城市从不是静止的，它们拒绝制造一种整洁的场景，我们必须尊重它们的韵律，认识到城市形态的活力必须是松散的控

第6章 美国运河国家遗产廊道管理模式特性解析

制——在完全控制与完全自由之间。在保护和前进中,前进是最终的结果。说到底,城市事实上是流动的(应四爱等,2004)。"

这种静态管理模式(图6-3):以控制性措施为主,局限于保护过去,保护范围相对狭隘,方法比较单一;时间维度拘囿于过去,而较少考虑现在与未来的联系,缺乏可持续发展的考虑(郑利军,杨昌鸣,2005)。

图6-3 静态保护规划示意图
(来源:郑利军,杨昌鸣,2005)

由于类似圣塔菲这种景观的静态保护模式的不尽人意,人们逐渐认识到景观保护类项目迫切需要一种根据保护与发展的需要,积极主动地调整保护规划,使文化遗产既能保持历史的真实性,又能适应不断发展的动态管理模式。

综上所述,由于静态保护模式自身的局限性,以及现代管理科学的发展,景观的动态保护模式逐渐被业界认识和普遍采用。

(2)运河国家遗产廊道动态管理模式的特征

运河国家遗产廊道动态管理提倡一种分阶段、循环式的工作方式。在管理进程中,随着社会、经济文化的发展会不断出现各种新问题,以及对文化遗产保护认识的不断深入,要求文化遗产的保护是一个不断完善与深入的过程,应当采用多阶段的、循环式的动态工作方式。随着保护工作的不断实施,通过反馈对原有工作的目标和方法进行不断调整,使保护工作不断完善。

(3)运河国家遗产廊道管理进程动态性的体现

①保护内容的动态性

保护内容的动态性主要体现为:因地、因时制宜,不同的文化遗产采用不同的保护方式,根据具体情况采用保护、整治、更新等多样性的方法。同时,文化遗产的保护并不是单纯的物质和文化环境的保护,它涉及经济、社会、管理、法制等多样化、多层次的建设活动,这要求我们树立动态的发展观,从更宽的层面上研究保护工作。

②保护成果的非终结性

在霍华德理想主义的田园城市那里,规划通常带有蓝图式的终极模式,这是一种确定性的规划思想，随着规划理论与规划方法的不断发展，逐步出现了整合性规划理论、渐进性规划理论、连续性规划理论、动态性规划理论等等，这些理论的出现意味着人们已经认识到规划不再是一个终极蓝图，而是一个富有生命力的、动态的、不确定的系统（图6-4）。运河国家遗产廊道就是这种非终结性的规划，其动态保护过程就是要使保护成果成为非终结性，在其保护中只产生阶段性成果，而不会产生所谓的终极蓝图。此外，这种保护成果的非终结性要求保护过程成为长期持久、深入细致的工作，最后要做到保护成果的反馈功能，实现从目标体系——界定问题——方案选择——实施反馈——方案补充——修正，这样一个动态循环过程（梁航琳，杨昌鸣，2006）。

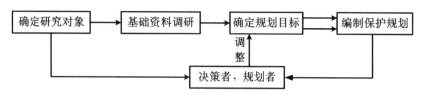

图6-4　动态保护规划示意图
（来源：梁航琳，杨昌鸣，2006）

6.2.5　管理成本的有效性

在某种程度上说，国家遗产廊道模式的出现，源于国会和国家公园局想要为国家公园系统单位找到一个较为廉价的替代品。因此，他们最初就没打算为国家遗产区域提供永久性的联邦资金，而是鼓励它们发展替代资源，最终实现财政自给；国家遗产区域的最有效手段是利用信息作为改变、鼓励其他利益相关者的工具。因此，它被认为是最轻的和最廉价的政府干预行为。如国家公园管理局政策备忘录12-01中所说，"国家遗产区域小投资大回报，为全国各地的社区服务……"[1] 运河国家遗产廊道作为国家遗产区域的典型代表，其成本有效性也是显著的。

（1）有效的管理

与传统的国家公园单位相比较，国家遗产廊道/区域类项目具有良好的管理效益。下面，我们通过一个表格来比较两个国家公园与黑石河国家遗产廊道，在年度经营预算和人员编制方面的情况（表6-3）：

---

[1]　参见http://www.nationalheritageareas.com/ Policy-Memo-12-01. Pdf.

第6章 美国运河国家遗产廊道管理模式特性解析

国家公园与国家遗产廊道成本效率比较　　　　表6-3

单位 面积预算人员	切萨皮克·俄亥俄运河 国家历史公园	洛厄尔国家历史公园	黑石河流域 国家遗产廊道
面积（公顷）	20000	141	40000
经营预算（万美元/年）	840	850	100
全职员工（人）	122	112	14

（来源：根据Conservation Study Institute，2005资料整理）

（2）良好的融资能力

国家遗产廊道/区域类项目具有良好的融资能力。早在2004年3月30日的美国国家审计总署报告中，就显示了从1997—2002财年，遗产区域收到的资金总额为3.1亿美元。其中，大约一半的资金（1.54亿美元）来自州和地方政府以及私人来源，与另一半（1.56亿美元）由联邦政府提供。[联邦资金，约5000万美元来自国家公园管理局遗产计划和4400万美元来自国家公园局其他计划，余下的部分由其他11个联邦机构提供（约合6100万美元）]（Congressional Research Service，2004）。国家遗产区联盟的一份报告显示，从1985年到2003年，国家公园管理局遗产廊道/区域类项目已经共吸纳了9.291亿美元的资金。其中，1.072亿美元来自美国国会为国家公园管理局遗产计划的拨款，余下部分从其他渠道获得，国家公园管理局划拨资金与其他合作伙伴的资金比为：1：8.7（Congressional Research Service，2004）。

国家公园管理局一直宣称国家遗产区域是其"加强、补充和支持单位"。到2016年美国国家公园管理局将迎来其一百岁生日。在迎来其百岁生日之际，势必要总结过去展望未来。在国会的要求下，从2004年开始，国家公园管理局陆续对12个早期的国家遗产区域进行了评估[1]。评估具体由外部评估事务所进行的，评价结果显示每个遗产区域都超出了国会要求匹配的资金。其中，一些项目的融资成效尤为显著，如奥古斯塔运河遗产区域的联邦投入资金是510万美元，其获得的地方匹配资金是2100万美元。

另外，从伊利诺伊—密歇根运河国家遗产廊道1985—2010资金来源图，也恰好生动地说明了这一问题（图6-5）。

---

[1] 黑石河流域国家遗产廊道、特拉华里·海国家遗产廊道、凯恩河国家遗产区域分别于2005、2006、2008年完成了评估。2008，5月8日国会又颁布公共法（Public Law，110-229）授权对另外9个国家遗产区域进行评估，作为向它们下一步投放联邦资金的依据。

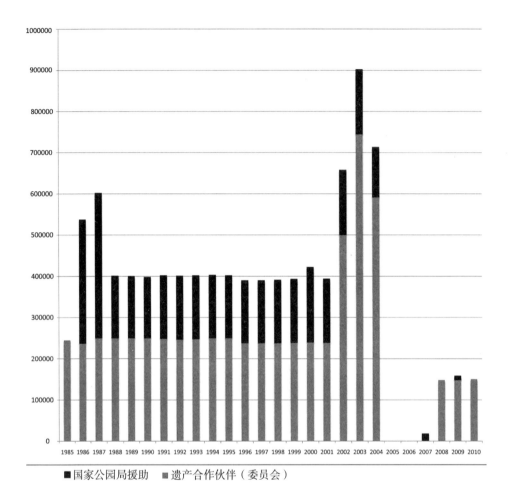

图6-5　伊利诺伊—密歇根运河国家遗产廊道资金来源图（1985—2010年）
（来源：http://www.iandmcanal.org/plan.html）

6.3　本章小结

本章首先基于美国国家公园管理局保护研究所关于遗产廊道项目理论模型的研究成果，对其模式特点进行了整体的定性分析，将其归为大尺度、网络化保护一类，随后从管理主体的基层性、管理方式的协同性、管理目标的整合性、管理进程的动态性四个方面对其管理模式的基本特征做了分别探讨，并阐明了这四个特性产生的原因、表现，以及应做怎样的应对措施。

第7章　　美国运河国家遗产廊道的可持续性研究

运河国家遗产廊道类项目一般分为两大阶段。第一阶段一般15~20年,是在联邦的资金、技术援助,以及品牌效应下发展。第二阶段,联邦基本不再提供资金援助,不再为廊道管理实体派驻代表,而转变为主要依靠地方管理。这种模式的两大阶段与人的一生非常相似,20岁以前在家长的呵护下成长,20岁以后具有了基本生存能力以后,自己慢慢独立起来。在这两个阶段中,第二阶段能否走下去,以及如何走,对于该模式的研究显得更有意义。

首先,本章对国家遗产廊道可持续性研究的现状与问题进行分析,然后从可持续发展战略的战略规划、战略管理、战略评估和战略监测四个方面探讨其是否具有可持续的潜质,以及应该如何加强,接着对未来发展模式的几种可能性进行分析。最后,就该模式可持续发展的保障因素展开探讨。

7.1 可持续性研究的现状与问题

7.1.1 研究背景

从1984年,美国国会授权成立第一条国家遗产廊道至今,经过短短30多年的发展,目前美国已拥有49个国家遗产廊道/区域类项目,还有一大批拟议中的国家遗产廊道/区域正在积极申报。国家遗产廊道/区域受到国会青睐的一个重要原因是其成本有效性。国会在投注少量启动资金的情况下,其就能吸收大量社会资金,在地方上开展得有声有色。然而,如今国家遗产廊道/区域类项目数目的快速增长,也为联邦政府带来了巨大的经济负担。而国家公园局关于这一模式的最初构想是限制每个遗产区域不超过每年1百万美元,每个遗产区域10~15年里总计不超过1000万美元的资金援助,催化社会与地方保护组织的活力,让其迅速成为遗产廊道/区域管理的中坚力量,地方自行运作管理。如今最早授权的那批国家遗产廊道,已远远超出了15年。评价一下国家遗产廊道/区域所取得的成就,探讨其工作的开展方式,以及不断取得成功的关键因素成为了当务之急。

评估的益处概括起来有以下三点(Hiet C.,2007):

①可以捕捉到计划的弱点,以便日后加强和改进。

②可以揭示影响计划的新思路。

③可以证明遗产区域计划的优势,可以用于遗产区域计划的宣传。

于是,2004年,黑石河流域国家遗产廊道委员会率先启动了可持续研究,研究历时一年。随后,特拉华里·海国家遗产廊道、凯恩河国家遗产区域也先后于2006年、2008年完成可持续研究。

后来,由于2016年是美国国家公园管理局百岁生日。为了总结过去展望未来,同时也是给国家公园局生日献礼,国会又授权国家公园局对另外9个早期国家遗产区域进行了评估。

7.1.2 研究机构、研究方法、步骤

可持续发展研究的具体研究机构、研究内容、研究步骤大致如下。

(1)研究机构

为廊道和它未来的使命,为了得到一份公平、公正、透明的报告,可持续研究通常是以公开、诚实的态度,批判的眼光来审视过去的工作。这种研究一般由外部的第三方——国家公园局保护研究所[1]实施。

(2)研究内容

委员会要求该研究所审查其以下四个方面的工作(Tuxill J. L.,2005):

- 评估廊道委员会所取得的成就,以及管理规划设定的战略目标完成进展情况;
- 分析国家公园管理局的投资,弄清这些资金是如何获得融资的;
- 明确廊道保护、提升、解说方面下一步的行动目标和责任;
- 评价委员会的管理形式,论证和评价国家公园管理局可以永久认定的形式,以及其他能够实现国家利益的备选方案。

---

1 保护研究所由国家公园局年成于1998年,它与学术界、政府和非营利组织之间保持一种合作伙伴的关系。它为国家公园局、保护社区和公众提供一个讨论保护历史、当代问题、实践和该领域未来发展方向的论坛。

(3）研究步骤

可持续发展研究分三个阶段进行（Copping S., P. Huffman, 2006）：

第一阶段，关于上述研究问题三个主要方面的数据收集[1]，以及这些分析数据所带来的压力与挑战；

第二阶段，该小组能够达到与合作伙伴联合、互动的合成过程，在这个过程中第一阶段分析的结论被共享。通过联合研究的数据分析，团队提炼其对研究区域的合作系统的理解，并明确将来维持和加强这个系统的关键因素；

第三阶段，为维持和提高合作伙伴制团队，识别、分析可能性和机遇。

虽然每个阶段的重点是不同的，通过团队的整体协调，三个阶段变得紧密相连，最终通过这个研究过程的互动分析环节，使每个阶段的结果得到提炼。

7.1.3 可持续研究的意义和局限性：

（1）意义

现已完成的可持续发展研究有一些理论与实际意义，概括起来有以下几点：

- 丰富了遗产区域的理论成果；
- 研究进一步明确了遗产区域运作的机制，确定了未来可能的发展方向；
- 定性、定量研究的结果为国家决策提供了基本的参考依据；
- 研究过程中的会议、交流、访谈可以为其发展带来新的思路；
- 它展现了遗产区域的发展成就，提高了遗产区域计划的影响力。

（2）局限性

已完成的可持续性的研究虽然有很多好处，有几个明显的弊端和限制，其中包括：

- 虽然这种模式阐述了过去的成就和评论未来管理方案，它没有抓住此类项目的弱点，因此是无益于创建新的策略。新的见解几乎都是反映遗产区域的积极方面（Hiet C., 2007）；
- 研究是以单个项目为对象的，缺乏对此类项目的普遍意义，研究成果难以被推广和借鉴。

---

1 遗产保护和发展、伙伴关系进程、管理框架。

7.2 可持续性模式框架

鉴于已有成果的局限性，笔者拟在美国国家公园管理局保护研究所前期成果的基础上，对运河国家遗产廊道的可持续性模式做概括提炼，以期获得具有推广价值的可持续模式框架。

7.2.1 可持续性模式框架的分析

如前文所述，联邦政府对每条遗产廊道的人员与资金援助都是有一定年限的（一般10~15年），之后国家公园管理局将撤出其派驻廊道管理委员会的代表，也不再提供联邦援助资金，廊道完全由地方运作管理，只是在必要的时候提供技术帮助。因此，该廊道模式的延续首先要解决的就是其管理框架的构成问题。美国国家公园管理局保护研究所对几个早期案例的研究的基础上，提出了五种可能的管理框架方向，下面笔者尝试分析了这五种模式采用的理由及其弊端（表7-1）：

7.2.2 可持续性模式框架的判定

在可持续性模式的列举与分析表中共列出了5大模式：①延续现有的管理模式；②调整现有模式；③建立一个新的管理机构；④国家公园管理局永远参与的模式；⑤没有联邦支持的模式。虽然，运河国家遗产廊道的未来模式没有一定之规，但是任何未来模式都不应该违背其尽量由地方管理的初衷（否则它的优势将不复存在），也要兼顾实际的可行性。下面笔者对这5种未来模式做逐一分析：

模式1是一种无奈之举，只可能做短期的延缓，不可能成为运河国家遗产廊道的长期模式。

模式2包括5个亚类型，虽然各有利弊，但都具有一定的近期实施可能性，他们都是按照联邦对遗产廊道的最初设想探寻该模式独特的方式，在良好的外部保障下，可以运行，但不是廊道模式的最理想方向。

模式3包含两个亚类，其中3A是在国会支持下的非营利组织运作模式，是廊道委员会授权结束后比较理想模式，但必须加强法律与传媒监督的外部保障机制，3B类似与国家遗产廊道授权之前，一些运河区域在地方层面的合作探索，是模式发展的倒退。

模式4包含2个亚类，其中4A长期需要联邦持续支持，已经违背了遗产区域模

第 7 章 美国运河国家遗产廊道的可持续性研究

表 7-1 [2]

运河遗产廊道五种可能的管理框架

模式类型		模式描述	采用理由	模式弊端
1 原封不动		延期现有的管理模式，重新授权当前的廊道模式，继续保留当前委员会组成的关键要素，继续得到国家公园的人员、资金支持，以及当前的核心承诺	是最容易实现的方案，基本框架已经到位，并且运行良好，委员会与其合作伙伴都适应该管理模式	1. 不能解决现有管理模式的缺点（如，委员会内地方非行政州代表数目偏少，随着时间的推移将缺乏可靠的资金维持）。 2. 不符合遗产区域模式设立尽可能早日交由地方运作，管理委员之初衷
2 模式 调整型	2A 提高该委员会的效能模式	对当前的管理框架做较小的调整： (1) 修改或扩展该委员会的组成，利益相关者的数目，更好地体现其利益。 (2) 赋予州长临时任命权，避免委员会人员临时空缺	更多的地方政府代表和民间的合作伙伴不影响其功能，反而会解决当前模式中这些代表不足约的问题。授权由州长临时任命，可以帮助委员会更有效地运作	可能会受到阻力，由于州长的管辖权限问题，以及州长对联邦授权行使临时的任命将难以比较大
	2B 建立一个咨询委员会	不扩大委员会的成员，成立一个咨询委员会，为廊道更多利益相关者的参与提供一个正式的机制	有利于广泛的利益相关者共享廊道管理的权力	如果理事会是经法律的程序建立，它也将需要廊道委员会目前所遵循的流程。这依然将为廊道委员会带来很多负担
	2C 合作管理式	1. 其他实体将承担了一定领导作用（如非营利组织），保留到廊道的总体构想和议程。 2. 委员会主要起到联邦的品牌作用，重点放在组织能力建设与促进廊道非营利性合作伙伴之间的稳定	减少行政与官僚障碍，使管理结构更灵活	联邦的品牌号召力下降，缺乏稳定的资金保证

续表

模式类型		模式描述	采用理由	模式弊端
2 模式调整型	2D 契约式	州长之间可以建立一个协议，使各州对廊道的承诺正规化。协议可以拟出共同的目标、优先合作领域，以及确保继续交流与协调的机制（除了委员会的继续参与外，还可以定期举行类似"流域首脑会议"等活动）。	州之间的正式协议将进一步巩固他们已经明确的廊道承诺。这将有助于提高州之间的一致性，使其更少地受到州内政策变化的影响	联邦的品牌号召力下降，缺乏稳定的资金保证
	2E NPO辅助式	委员会及其合作伙伴努力培育廊道范围内积极的非营利组织，将有助于合作伙伴实现廊道的目标和愿景。 1. 获得其他来源的资金，（从廊道委员会及其合作伙伴难以获得的等渠道获得资金。）该委员会及其合作伙伴难以获得的大型基金、企业赞助，和工作场所提供。 2. 承担领导责任。例如，可以作为廊道可持续的遗产为基础的经济发展领导机构	1. 有助于降低合作伙伴对联邦资金的依赖，能为廊道建立一个更加多样化、安全和可观的资金基础。 2. 可以让委员会的工作人员集中其他方面。 3. 可能补充计划的透明度，增加廊道计划众了解和倡导可取的行动。 4. 可作为委员会长期稳定的后备	1. 非营利组织之间征集资金的竞争。 2. 非营利性组织与委员会之间的重叠或重复劳动
3 重组管理机构型	3A 联邦支持，NPO主导	可以建立一个作为管理机构的非营利组织，或者扩展廊道内现有的非营利组织的结构、使命，使之充当管理机构	1. 增加了利益相关者在管理机构中的参与、控制。 2. 通常有更灵活的筹资和创收能力，不受到太多限制。 3. 没有特定的终止时间。 4. 可以不需要国家公园局派驻人员	1. 非营利组织之间征集资金的竞争。 2. 可能不具备联邦或州一级委员会的那种政治影响力

第 7 章　美国运河国家遗产廊道的可持续性研究

续表

模式类型		模式描述	采用理由	模式弊端
3 重组管理机构型	3B 协调机构式	这个机构可以采取欧州域或委员会公共合作的形式，人员包括由各自州长任命的委员，跨两州的合作伙伴。国家公园局并不一定参加，除非州长要求它参加，同时国家公园局也愿意参加；州长（或州）的立法中指定每个州的特别任命机构，负责牵头向协调实体提供行政支援，如果提供足够的资金它可以雇用自己的员工	1. 不需要原有委员会那样繁琐联邦任命过程。2. 它可能会不需要像非营利组织那样过分关注筹资的竞争	1. 更容易受到政策的影响。2. 缺乏联邦政府的授权，它不会有原有委员会在联邦层面上那样的政治影响力
4 NPS 永久驻入型	4A 长期资助式	国会授权国家公园局向整个廊道的合作伙伴提供持续援助。创造了国家公园局与联邦国家遗产区域永久参与的先例	确保持续的国家公园局的参与	不符合遗产区域模式设立尽可能早日交由地方运作、管理之初衷
	4B 以点带面式	国家公园局在廊道内创建由一个或几个遗址构成的一个新的国家公园系统单位。国家公园局除了管理和解释这些遗产，也可以向整个廊道的其他组织提供技术和/或业务援助，把"廊道故事"作为整体讲述	实施此选项将确保NPS会在廊道的持久和明显的存在，特别是在遗址，它会直接管理	向廊道周边合作伙伴提供技术和/或业务援助的情况，不是无限的，其援助是受可用资金限制的，是没有资金保证的
5 完全自治型		没有委员会，没有国家公园局的工作人员，没有联邦资金。国家遗产廊道的认定仍然存在，个体机构和合作伙伴网络将继续奉行廊道的目标。国家可以通过契约或非营利组织建立替代管理框架	可以减轻联邦负担	短期至中期内难以实现

(来源：根据Tuxill, J. L., 2005整理绘制)

式设立的初衷，没有存在的意义，4B对于廊道范围内有重要遗址、遗迹的项目适应，但给联邦带来的负担会比较高。偏离了联邦关于国家遗产廊道模式的设想，失去了存在的意义。

模式5是委员会授权到期以后，立刻停止资金、人员的帮助。这种模式是没有联邦援助前，运河流域本来的状况，是一种倒退类型。

本节对运河国家遗产廊道的5种可能的模式框架做了较为深入的分析，但对于运河国家遗产廊道这个庞大的战略系统来说，这只是一个粗浅的构想。其能否真正实现可持续还需要从这个系统自身建构的严密性，以及系统运转的外部保障机制进行探讨。在随后的两节中，本文将分别从这个系统的内部建构与外部保障进行探讨。

7.3 运河国家遗产廊道可持续性系统剖析

运河国家遗产廊道模式可持续性研究，首先应该立足此类项目宏观层面，剖析其运作系统，从整体上分析各作用机制运行情况，从而由宏观向微观逐步深入探讨该模式的可持续性。

如前文所述运河国家遗产廊道模式是一种网络化、系统性的保护模式，它的显著特点是动态性和复杂性。从管理学的角度来看，健康的运河国家遗产廊道模式必须拥有战略规划、战略管理、战略评估和战略监测四大系统（图7-1），只有这四个系统良性的互动，整个廊道才能进入可持续状态。

7.3.1 战略规划

（1）规划思想源泉与行动准则

在过去的50多年里，世界各国环境保护意识逐渐增强，环境保护成为政治话语与市民生活的热门话题。20世纪60年代末70年代初，美国面临着需要改造与提升大量衰落的、不可持续的工业区域的任务，恰逢此时"可持续发展"理论在世界范围内勃然兴起。一时间，"可持续发展"一词成了规划师、建设者、政治家，以及相关从业者的荣誉勋章。这一理论的兴起催生了人们拯救环境的各种尝试。运河国家遗产廊道模式就是这一理论指导下的具体实践之一（图7-2）。

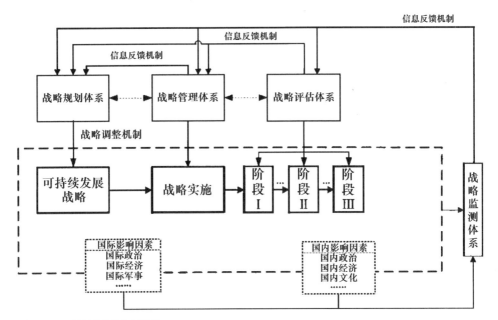

图7-1 可持续发展战略模型
(来源：陈华荣，2009)

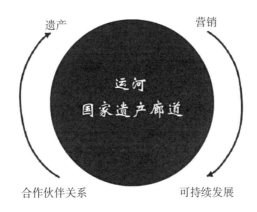

图7-2 遗产与可持续发展的关系

（2）规划内容

运河国家遗产廊道模式注重经济、社会和环境之间的相互联系，公平地分配资源和机会，并唤醒个人、政府和企业采取更长远眼光规划未来，而不是专注于眼前的利益与需求。

其规划内容主要包括：旅游/市场、资源管理、遗产保护、解说/教育、公众参与5大块。其中，旅游/市场代表了廊道的经济目标，资源管理代表了廊道的环境目标，而遗产保护体现了当代人作为后代人财富的守望者克制自己，追求代际公平的重要手段，它体现了廊道模式对社会公平的追求，解说/教育、公众参与是这三大目标良性互动，最终实现区域全面振兴的重要手段。运河国家遗产廊道模式规划的内容充分体现了可持续发展社会追求的生态（ecology）、经济（economy）、社会平等（social equity）之间的"3e"平衡[9]（如图7-3）。

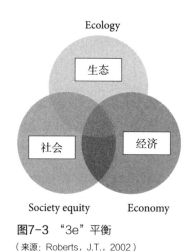

图7-3 "3e"平衡
（来源：Roberts, J.T., 2002）

所以，从规划的内容来讲它对可持续社会所追求的几大目标全面覆盖，而且密切关注这三者之间的平衡。

（3）规划过程

运河国家遗产廊道模式是一个系统性工程。它的规划基本包括：背景研究→资源清单→解说主题→愿景、策略与行动→合作伙伴的角色与承诺→编制多解规划→完成基本表述→发展并提交多解规划的初步成果与概念→分析各种备选方案，选择最优方案→规划草案/环评/环境影响报告→代理机构与公众的评价→最终规划成果等步骤。它的规划过程符合可持续发展系统模式：系统研究→系统目标→系统设计→结构化的系统环境→系统属性量化→系统明确化→修改与简化系统→系统定性→系统评价协调→待选方案产生→系统研究。因此，它的过程也是可持续的（图7-4）（刘豹，顾培亮，1987）。

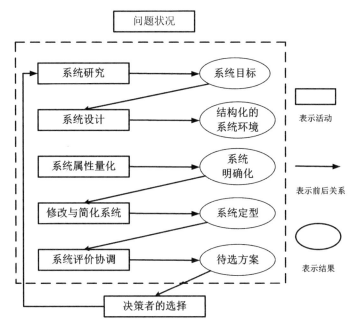

图7-4 可持续发展系统模型
（来源：刘豹，顾培亮，1987）

7.3.2 战略管理

要实现运河国家遗产廊道模式战略管理的可持续性，必须具有良好的合作伙伴关系、清晰的工作流程、卓越的管理成效，三者缺一不可。

（1）良好的合作伙伴关系

如前文所述，由于国会认识到广大土地的获得与管理由某一个联邦机构来完成是不现实的，也是不经济的，而通过构建积极、主动的合作伙伴的方式，这个问题将容易得多。在某种程度上说，合作伙伴制公园的成熟为遗产廊道模式的形成提供了实践参考。遗产廊道模式成形以后，合作伙伴关系成为了廊道模式开展各项工作的基础，并逐渐成为其管理的一大特色。

要实现廊道的联邦、州、当地政府、商业、文化与民间团体、个人之间良好的合作伙伴关系，建立廊道管理的可持续化运作机制，必须具备三个基本条件：有效的联合管理机构，明确的联邦与地方职能，良好的合作伙伴文化。

①有效的联合管理机构

虽然，个人与各种团体能为一些区域化的保护与振兴做出各自的贡献，但他们的工作是分散的，廊道潜力的全面挖掘要求整体的努力与行动，它需要一个联合组织，或者叫做"伞组织"，这个组织就是遗产廊道委员会。廊道委员会主要负责各项筹款活动，努力向政府与私人征募资源，并通过对国家遗产廊道概念的宣传，加深公众对这一项目目标与愿景的理解，从而吸引州、当地民众与商业伙伴的参与。

②明确的联邦与地方职能

美国的政府架构分为三级（图7-5），即：联邦政府，州政府，市、县政府（县也有时称作郡）（高毅存，1998）。

在联邦政府中，国会是运河国家遗产廊道的审批机构，内政部国家公园管理局主要负责为遗产廊道提供技术帮助，并审核遗产廊道的预算，将国会用于遗产廊道的专用资金划拨到位。国会与国家公园管理局对运河国家遗产廊道的干预职能（表7-2）：

除了国会与国家公园局之外，国家遗产廊道的授权法也要求其他相关联邦机构对廊道提供支持与干预，它们主要负责为内政部长与廊道委员会提供咨询，协助内政部长与委员会履行他们的职责，以确保它们的决定不会为廊道带来负面影响。与运河国家遗产廊道有关的其他联邦机构还有：历史保护咨询委员会、工程兵部队、

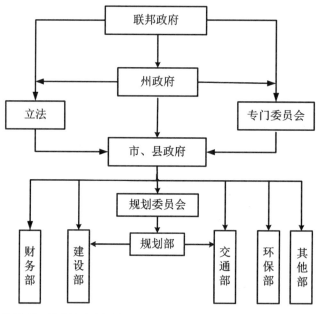

图7-5 美国的政府架构

（来源：高毅存，1998）

第7章 美国运河国家遗产廊道的可持续性研究

国会与国家公园局对运河国家遗产廊道的干预职能 表7-2

中文名称	英文缩写	对遗产廊道的主要干预职能
国会	FG	国会建立管理框架,针对联邦资源设置统一的标准,激发广泛的社区与政府的行动: ①确定廊道的国家重要性。 ②提供资金与资源,以吸引其他公共与私人投资。 ③提供并检测标准。 ④提供专业经验。 ⑤任命委员会。 ⑥确保联邦政策与行动与国家遗产廊道的目标相一致
国家公园局	NPS	①技术 • 甄别(如辨别公园外部可能会影响公园内部国家资源,以及公园边界内外所有要求保护的国家重要资源)。 • 解说/教育(如帮助委员会设计和研发解说材料,包括小册子与橱窗等,举行保护知识培训)。 • 保护(在保护方面提供专业指导)。 ②资金(将国家遗产廊道的基本资金纳入国家公园局的定期拨款程序;向国会提供廊道资金的专业审查;通过水土保护基金为获取土地提供资金,并为历史保护提供帮助)。 ③品牌(国家公园局的持续参与对于国家遗产廊道的质量与未来特别重要)。 ④链接(如通过它的链接委员会成为联邦环境与资源保护活动的交流平台)

(来源:作者根据相关管理规划总结)

商业部岸线区域管理项目、海岸线警卫队、环境保护机构、联邦能源管制委员会、交通部联邦高速公路管理部门、渔业与野生动物局。这些部门不参与国家运河遗产廊道日常运作、管理,只是在必要的时候对运河遗产廊道项目提供技术指导、进行监督等干预,而不参与其日常的运作管理。它们对遗产廊道的主要干预职能(表7-3):

联邦部门的职责主要是提供计划的审核、批准、技术和资金帮助之外,州政府的相关部门更多的担任了计划的具体实施。与运河国家遗产廊道密切相关的州政府机构主要有:环境管理部门、经济发展部门、州历史保护办公室、州交通部门、州规划办公室。它们对遗产廊道的主要干预职能(表7-4):

国家相关部门对运河国家遗产廊道的干预职能 表7-3

部门中文名称	英文缩写	对遗产廊道的主要干预职能
历史保护咨询委员会	ACHP	对联邦机构保护历史资源的程序进行监督与评价,以确保所有联邦机构的计划和活动有利于维护和增强历史属性
工程兵部队	ACE	通航水道疏浚,防洪活动,水电项目的评估等
商业部岸线区域管理项目	CZM	在设计的岸线区域,利用岸线区域管理规划开展跨行政区域的商业协调工作
海岸线警卫队	CG	规范可通航的河流内桥梁和高架结构的建设
环境保护机构	EPA	设定清洁空气和水的标准,进行跨州干预;为州的超级基金清理计划提供管理优先和资金,并援助水质污染清理资金
联邦能源管理委员会	FERC	授权水电项目和天然气管道项目
交通部联邦高速公路管理部门	FHA	保护联邦政府指定的休闲或历史土地,避免联邦公路项目的影响,管理公路建设补助资金;为自行车道提供项目资金
渔业与野生动物局	FWS	向研究部门和联邦发展计划提供数据,是濒危物种项目的权力机构/判定者;负责保护野生动物栖息地的各项资助计划

(来源:作者根据相关管理规划总结)

相关的州政府机构对运河国家遗产廊道的干预职能 表7-4

部门名称	英文缩写	对遗产廊道的主要干预职能
环境管理部门	DEM	为管理州公园和森林提供规划、设计、资金和人员配备和解说服务,兴建公园游憩设施;研究公园发展的相关需求,进行必要的工程、考古,保护和恢复州公园的历史建筑;保护农用土地;负责空气、水等环境保护项目
经济发展部门	DOED	帮助廊道社区保留或找到合适的企业、投资
历史保护办公室	SHPO	全面清查历史和考古的资产,提名这些遗产为国家或州注册历史地;实施州和联邦环境法律,保护这些资源;通过技术援助、拨款激励、税收优惠协助保护历史建筑
交通运输部门	DT	提供全面的交通研究,设计服务
规划办公室等	OSP	提供全面的规划

(来源:作者根据相关管理规划总结)

第7章 美国运河国家遗产廊道的可持续性研究

如前文交代,虽然运河国家遗产廊道具有"国"字号的头衔,但其实质上是一场区域振兴的草根运动。地方政府、非营利机构、商业团体,以及一般民众才是这场运动真正的主角,这股力量才是运河国家遗产廊道能否可持续发展的决定力量(表7-5):

地方政府、非营利机构、商业团体,以及公众对遗产廊道的作用　表7-5

中文名称	英文缩写	对遗产廊道的主要干预职能
地方政府	LG	是保护与提升廊道最重要的合作伙伴。制定有效的地方总规、区域规划、政府计划,可以促进保护与经济协同发展,实现村、镇、城市中心的历史与视觉整合。划分出必要的历史区域。与姊妹城镇进行土地、旅游、交通的协调规划。使廊道委员会能够准确了解当地情况
当地的学校与大学	LS LC LU	新兴理念与决策的源泉。廊道项目的主要聚集点与论坛。学校主管、校长、老师、图书馆与档案馆是今天和未来社区生活的重要角色。开展必要的学术研究,产生廊道过程与廊道成功策略的新理念。
工商业、劳动组织	LI LB LL	保护历史工厂、协助主街振兴,创造就业机会

(来源:作者根据相关管理规划总结)

③建立良好的合作伙伴文化

建立良好的合作伙伴文化有利于运河国家遗产廊道伙伴关系的健康和可持续发展(表7-6):

合作伙伴文化　表7-6

合作伙伴文化
• 立足战略高度与长远利益,眼前利益服从长远利益;
• 拥有整体性思维,看到彼此之间的相互联系与依存;
• 保持开放、真诚、包容心态,启发而不是控制别人的行动;
• 具有创新和冒险精神,敢于承担失败的风险;
• 营造互帮互助的风气,创造良好的学习和交流氛围;
• 求同存异,努力培养相同的价值观;
• 在可能的情况下,主张跨学科和跨地域的整合。

(来源:Tuxill J.L., Mitchell N.J., 2001)

（2）清晰的行动议程

行动议程是廊道委员会、规划团队和公众拟定的多年的行动计划，它为委员会和合作伙伴的每项具体工作规定了特定的年限。要想使廊道获得可持续发展，整个廊道计划就必须有一个清晰的流程规划。如伊利运河国家遗产廊道的行动议程（表7-7）：

伊利运河国家遗产廊道行动议程 表7-7

伊利运河国家遗产廊道工作议程
• 2000年12月通过国会批准立法；
• 2002年成立委员会；
• 2003年秋季规划过程开始；委员会的活动开始；
• 2003—2004年冬季举行公开会议；
• 2005年春季初始示范项目完成；
• 2005年夏季计划草案公众评议；
• 2005—2006年冬季规划通过，开始执行；
• 2006—2010年规划实施；
• 2009年国家遗产廊道的可持续性研究完成；
• 2010年12月委员会授权的到期；国家遗产廊道身份保留

（来源：http://www.eriecanalway.org/）

（3）卓越的管理成效

任何一种模式能否继续存在下去，关键一点就是要看其管理成效，如果这种模式不能为该地区带来任何的效益，显然这种模式就没有长期存在下去的可能性与必要性。尽管有些遗产廊道的侧重点在教育，不在旅游，然而营利也是必不可少的。虽然，这些遗产廊道将有可能由非营利组织掌握，国家对其投资将逐渐减少，如果其不能带来良好的经济效益，其将是举步维艰，还谈什么可持续。

从短期来看，运河遗产廊道生命力依靠其融资能力。从长远来看，其生命力主要依靠其开展各种游憩活动为廊道带来的经济效益。因为，不能产生经济效益，永久靠外界投资的遗产廊道是没有活力的，其生命终将是短暂的。

因此，有必要在国家公园管理局的帮助下，对那些成熟的遗产区域进行营利模式研究（MGM2），这样就可以分析其营利模式特点，并作出相应的调整。

7.3.3 战略监测

廊道的动态监测是保证该类项目规划有效实施的重要手段，通过对土地利用、生态环境，以及文化遗产状况和结构的监测，反映规划执行的程度和效果，及时发现和查处违背规划的行为，并将监测结果及时反馈到廊道委员会，以便其不断对规划进行修正、调整和完善，保证规划目标和规划方案的有效性。在运河国家遗产廊道这个复杂多变的系统中，实施监测具有实时、高效、灵活、及时、准确等要求，需要建立动态监测信息管理系统，反映变化过程，实时获取变化信息，以便实时更新基础数据。监测技术可以综合运用3S、计算机信息处理等手段获得较为准确的数据，力求不断改进现有方法，进行理论和方法的创新，为廊道规划管理提供更多的技术支撑，为廊道规划管理部门提供更科学的决策依据，更好地应对未来的不确定性。

运河国家遗产廊道是一个多层次、多元和具有空间和时间维度的开放性动态系统，获得某些具体技术数据不是其最终目的，数据只是为评价整个系统工作效能的信息依据，是实现整个系统不断调整，进入良性循环状态，从而实现可持续发展的重要保证。

由于廊道委员会的日常管理人员较少，目前这些监测工作主要依靠高校、研究单位的合作伙伴，以及志愿者和廊道之友的加入。要实现廊道计划的可持续发展，必须加强监测，通过具体的技术数据反映管理模式上的不足，并作出相应的调整。

7.3.4 战略评估

由于大型项目所处的内外部环境的变动性，为保证战略管理过程的顺利实施和可持续运作，必须通过战略评估体系对制定、实施的战略效果进行评价，以便采取相应的完善措施。战略评估分为战略分析评估，战略选择评估和战略绩效评估。

运河国家遗产廊道的可持续发展与其战略绩效评估关系最为密切。通常战略绩效的评估主要在两个阶段，一是规划项目的建设阶段，二是规划项目建设完成后项目质量、效益的追踪评价阶段。对于运河遗产廊道这种无终结性目标的规划来说，只有阶段性成果评价，而不存在最终建设成果评价。阶段性评价一般是十年、十五年或更长时间，国家公园局要对某个项目进行可持续研究时，一般邀请第三方机构对该廊道项目进行一个比较公正的评价，评估其过去若干年来的成就、得失；另一种，是比较常见的年度评价，年度评价是年度规划的一部分，通常每份年度规划的前半部分都是对前一年工作的评估与评价。因为，廊道委员会会认识到，任何有效的规划都是发展、进化的规划，而不是束之高阁的，廊道的五年期、十年期的长期规划数据不能具体反映当前的状况。这个规划必须代表了当前的数据信息、认识与思考，它必须被定期审查、评估与更新。因此，一般在每年接近年末的时候，委员会将要起草年度报告描述和评价本年度规划实施过程中的成就，规划在解说与保护方面的策略，有时也就廊道的边界和委员会的运作情况提些建议，最后根据当年的情况对有关计划作出调整，为下一年度编制年度规划。

总体来说运河国家遗产廊道目前的评估机制还是比较健全的，基本符合可持续发展模式进行自身不断评估的要求。然而，考虑到该类项目的规模和复杂性，这一块还应该继续加强。

7.4 运河国家遗产廊道可持续发展的保障

在前面两节分别对运河国家遗产廊道系统本身的建设现状和可能的未来模式进行了研究之后，本节拟就运河国家遗产廊道可持续发展的保障条件进行研究。

根据联邦对运河国家遗产廊道的最初设想，以及其未来模式分析，我们得知其比较理想的未来模式是由非营利组织来接管。而非营利组织的运作就必然少不了法律与媒体的约束与监督。

7.4.1 非营利组织的壮大

（1）非营利组织在美国自然/文化资源保护中的作用

①美国非营利组织概况

就美国已正式注册获免税地位的非营利组织而言，已达75万家之多，他们在1996年的业务支出高达4330亿美元，另据彼得·杜拉克的《巨变时代的管理》（Managing in A Time of Great Change）中声称，非营利组织已成为当今美国社会的最大雇主，以每周在非营利组织工作三小时的志工而言，多达九千万人，或是说，每两个美国成年人中就有一人参与非营利组织工作，而这种趋势仍在成长之中（吴季钢，2010）。

②美国非营利组织与自然/文化资源保护的关系

非营利组织大多从事公益事业，其中自然与文化资源保护是其一个比较主要的工作方向，如1949年美国国会立法授权成立国民信托等。这些民间保护组织通常和政府关系非常融洽。一方面，这些非营利组织每年都得到一定数量的联邦补助，而国家公园管理局的许多遗产保护活动也依赖一些大型非营利组织的人力与技术优势。此外，一些国家保护机构的官员还以个人名义直接参与组建非营利的保护组织，在任或离任后在民间组织担任职务。如，罗纳德·李是国家公园管理局的区域长官兼国家历史保护信托基金会（NTHP）领导委员会成员，威廉·J·莫塔是内务部第一任"国家历史场所名单"的掌管者，同时又担任了国家历史保护信托基金会的副主席和"美国维多利亚协会"主席（沈海虹，2006）。

非营利组织在自然/文化资源保护中的作用总结如下（表7-8）：

非营利组织在美国自然/文化资源保护中的作用　　　　表7-8

非营利组织在美国自然/文化资源保护中的作用
• 通过来自社会捐赠、政府资助、会员费和自身经营筹集资金，投入各种保护项目的经济援助；
• 直接发起名目众多的保护计划，投入民间保护的协调和组织乃至实务工程；
• 对购入或捐赠获得的财产实施专业保护和托管；
• 吸纳不同等级和专业背景的会员，壮大自身的组织规模和资金、技术实力；
• 自然与文化保护知识的普及推广，开展教育培训，举行学术会议，开展学术交流，组织会员和义工投入各项保护活动；
• 保存危机中抢救阵线的主力；
• 参与各种资源调查，成为政府制订政策的智囊来源；
• 对政府和个人进行各种形式的监督，加强信息披露，提高公众参与度；
• 为个人和开发商申请来自官方的政府补助、低息贷款等；
• 提供法律援助、促成保护立法

（来源：参考沈海虹，2006绘制）

（2）非营利组织与国家遗产廊道的可持续发展

众所周知，联邦关于国家遗产廊道的最初设想就是最终交由地方运作、管理，而地方管理最理想的模式是以非营利组织来运营、管理。那么非营利组织的壮大、成熟是成了其实现完全由地方运作的重要保证。如，美国第一条国家遗产廊道——伊利诺伊—密西根运河国家遗产廊道顺利实现地方自行运作的一个重要原因，就是廊道区域内具有良好的非营利组织基础。因此，国家遗产廊道要想早日实现其在地方管辖下的可持续发展，廊道区域内就必须尽早培养出强大的非营利组织。

7.4.2 法制的完善

美国的城市规划是一个高度法制化的体系，在规划授权、规划听证会等方面有一系列严格且行之有效的制度。运河国家遗产廊道的管理自然也不例外，下面将就运河国家遗产廊道的立法情况做进一步的探讨。

（1）运河国家遗产廊道立法现状

与美国运河国家遗产廊道保护相关的法律有很多，按照其法律地位，以及与运河国家遗产廊道的相关性，大致可以将其分为三类：主干法、专门法、相关法。

①主干法

在美国，由三部国家法律及其相关政策构成了历史保护的法律与管理基本框架，它们分别是1906年的《文物法》（the Antiquities Act），该法确立了国家纪念碑/物的认定；1935年的《历史遗址法》（The Historic Sites Act），该法授权国家公园局从事与历史保护直接相关的相关活动，例如研究、归档、恢复和解释。该法案还创造了国家历史遗址认定工作；1966年的《国家历史保护法》（the National Historic Preservation Act，最后一次修改于2000年），该法扩大了联邦在文化遗产保护方面的作用，并通过建立联邦政府与各州合作的框架，促使大型景观保护朝着合作伙伴关系方向发展，并且建立了通过国家历史名录和国家历史地标整理和解读文化遗产。

依照以上三个基本法，国家公园管理局与州历史保护办公室，以及认证的地方政府合作开展国家历史地标项目、国家历史地注册项目，对重要的历史财产进行清查、评估。尽管，近年来遗产保护的相关法律日趋完善，这三部法律依然是历史、文化资源保护方面的重要依据。当然，其也是运河国家遗产廊道重要历史建筑、环境保护的重要依据。

②专门法

遗产廊道/区域的专门法又可以分为，遗产廊道/区域授权法和遗产廊道/区域一般法两类。

遗产廊道/区域授权法就是指为某个或某几个具体的遗产廊道/区域所立的法。该法通常陈述国会对该区域的调查结果，设立委员会管理遗产区域，确定该区域

第7章 美国运河国家遗产廊道的可持续性研究

的"边界",指明该区域的核心部分,授权委员会开展具体活动,同时也限制一些具体活动,解决每个区域具体关切的问题,并对委员会获取财产和其他一些行为进行限定。1984—1988年之间,国会创造了四个遗产廊道,这四个早期的遗产区域每个都有这样一部专门的授权法[1];美国第一部国家廊道授权法是《伊利诺伊—密歇根运河国家遗产廊道法》(Illinois and Michigan Canal National Heritage Corridor Act,1984.08.24,P.L.98-389)。如果廊道的边界需要扩大,或者需要扩大投入,国会将再颁布法律对前面的法律权限进行修正和补充。早期的几条遗产廊道都颁布了新的法律修正当初的授权法。下面列举了伊利诺伊—密歇根运河国家遗产廊道的几次修正法(表7-9):

伊利诺伊—密歇根运河国家遗产廊道相关法律　　　　表7-9

法律编号	修改目的
Public Law 104-333, Division I, Title IX, 110 STAT. 4204	研究廊道可能增加
Public Law 105-355, Title V, Sec. 502, 112 STAT. 3261	延期委员会,废除推广局
Public Law 109-338, 120 Stat. 1783	2006伊利诺伊—密歇根运河国家遗产廊道法修订

(来源:作者根据相关资料整理)

遗产廊道/区域一般法(组织法)目前还没有颁布实施。在过去30年里,政界和学界一直在为是否有必要建立组织法,来规范所有遗产区域的政策和程序而争论。遗产区域的倡导者们一直在推动这项立法,以规范对遗产区域的引导和操作。从1995年至今,参众两院多次向立法会提交了类似的法案,但都没有能够获得最终通过和颁布实施[2]。赞同者们认为:首先,它将稳定和规范遗产区域的资金,使管理

---

[1] 1994,国会通过一项立法创造了两个遗产区域,奎纳博格.塞特基特河流域国家遗产廊道和凯恩河国家遗产区(凯恩河是第一个认定作为"区域"而不是"廊道"的项目)。从自1994开始,国会倾向于通过颁布一个授权法创造几个遗产区域的做法。如1996,国会用一个法律创造了八个遗产区,2006年,国会用一个法律创造了10个遗产区域。

[2] S 1110,104次国会(1995);H.R. 2532,106次国会(1999);H.R. 2388,107.次国会(2001);H.R. 1427,108次国会(2003);S. 2543,108次国会(2004);H.R. 760,109次国会(2005);S 243,109次国会(2005);H.R. 6287,109次国会(2006);S.278,110次国会(2007);H.R. 4099,112次国会(2012);H.R. 445,113次国会(2013);H.R. 581,114次国会(2015)。

实体更容易规划；其次，它将建立认定新遗产区域的标准和程序，减少一些偶然过程；第三，它将规范委员会或管理实体产生的可行性研究、管理规划、评估及其他文件的要求和程序；第四，组织法能够向那些对国家遗产区域认定感兴趣的社区发出信号，提示他们实现这一认定的要求和特点。反对者认为针对每个区域制定法律，可以顾及该区域的个性化环境与需求，站在宏观角度制定组织法缺乏针对性和灵活性。

③其他相关法

其他相关法是泛指那些与运河国家遗产廊道有一定相关性，对运河国家遗产廊道起作用，但又没有前两类法律与运河国家遗产廊道关系紧密的法律、法规。如《国家环境政策法》（the National Environmental Policy Act）、《国家自然与风景河流法案》（National Wild and Scenic Rivers Act），以及《公路法》、《清洁空气法》、《清洁水法》。

当前现状是，这几方面的法律彼此重叠交错，加上各主要法律的一系列附属细则，以及总统的一系列关于历史保护的政令，一起初步构成了美国大尺度文化遗产保护的法律保障体系（李伟，2008），还没有像国家公园那样的，一部为遗产区域类项目指认、成立和管理提供标准的组织法（Organic Act），也就没有可行性研究和资格认定的官方标准，为了方便工作的开展，2003年8月，国家公园局为项目制定了可行性研究导则，这些导则确立了项目法的基本框架，为将来的项目法的颁布奠定了基础（Hiet C., 2007）。

（2）遗产廊道立法需求

地方性和灵活性是美国国家遗产区域的一大特色，针对单个项目的专门立法具有高度的灵活性。但随着国家遗产区域项目数量急剧增加的现状，以及国家遗产廊道项目授权到期后陆续交由地方管理的趋势，构建国家遗产区域主干法（组织法），为国家遗产区域建立一个纲领性的法律框架显得很有必要。

7.4.3　传媒交流与监督的加强

在国家遗产廊道项目的可持续发展中，传媒将发挥着"交流平台"与"监督者"的核心作用。

一方面，媒体对环境保护情况的报道和公开，有利于公众正确了解和评价运河国家遗产廊道的工作，便于项目得到公众更多的支持。廊道计划做什么，不能做什么,为什么做……公众如果不了解,就容易导致双方的隔阂,在运河国家遗产廊道以往的探索过程中,就曾出现过由于公众获知的信息少、对环保部门的职能划分不清楚等原因导致对项目出现误解,甚至不满的情况,这非常不利于项目的进一步开展。因此,新闻媒体的参与,有助于公众更好地理解、配合、支持廊道计划的各项工作。

另一方面,新闻媒体的介入也有利于整个廊道计划在规划与实施的各阶段接受社会监督,这种以外部监督能够弥补廊道模式系统内部监督的不足。媒体恰好像一面镜子,迫使廊道计划的各项工作透明公开。正如卢梭在《社会契约论》中将舆论称为在立法、行政、司法三权之外的"第四种权力",如果人民失去了对立法、行政、司法的监督,传媒将成为维系社会公正与透明的最后防线。

因此,在运河国家遗产廊道模式中,传媒既是宣传的工具,又是监督的工具,对该类项目的可持续发展非常重要。

7.5 本章小结

如前文所述,运河国家遗产廊道是草根性质的保护与发展计划。其一般分为两大阶段:第一阶段一般15-20年,是在联邦的资金、技术援助,以及品牌效应下发展。第二阶段,是联邦基本不再提供资金援助,不再为廊道管理实体派驻代表,而转变为主要依靠地方自筹资金管理。很明显,第一阶段在国家的直接资助下,它可以顺利地开展各项工作。然而,关键的要看在国家带动了一个阶段后,完全交由地方和民间资本运作时,其是否能够自行运作。所以本章针对其可持续发展问题,从其可持续性研究的现状与问题入手,陆续分析了几种可持续模式框架,可持续性系统内部应该怎样建设,以及可持续发展所需要的外部保障。

总体上,认为运河国家遗产廊道构想是具有可持续发展潜力的,但还必须从内部建设与外部保障两方面予以加强。

本章是在前6章(模式第一阶段)研究基础上,对其可持续发展(第二阶段)所作的尝试性研究,是该模式全面研究的必要组成部分,也是本书较有价值的部分。

第8章　实例研究
——黑石河流域国家遗产廊道

本章在前面几章理论分析的基础上，以黑石河流域国家遗产廊道为案例，从地理、历史背景，模式概况、运作框架、行动策略，以及可持续研究五方面开展深度剖析。

8.1　地理、历史背景

8.1.1　地理方位

（1）地理位置

黑石河流域位于美国东北部的新英格兰地区。南距纽约200英里，东北距波士顿40英里，拥有近60万人口，24个城镇，方圆454平方英里，跨马萨诸塞与罗得岛两州（图8-1）。黑石河由北向南，由凯特尔、塔特尼克、昆西加蒙德、芒福德、米尔等众多自然河流、溪水汇集而成，落差450英尺，最后注入纳拉甘西特湾。

（2）地理范围

1986年，廊道授权成立[1]之初只有20个社区，经过10年的发展，原有的20个社区觉得廊道的工作才刚刚开始，伍斯特的余下部分与另外四个社区也渴望加入到廊道范围中来。为此国家公园管理局在1995年作了边界研究，探讨现有廊道边界，以及另外增加4个社区的可行性，结果得到了公众的广泛支持。于是，1996年重新授权以后，增加了原先廊道面积的60%，廊道从马萨诸塞的中东部一直绵延到罗得岛北部，覆盖46英里的流域范围，拥有24个社区（图8-2）（Commission BRVN，1998）。

8.1.2　历史背景

黑石河（Blackstone river）的"Blackstone"一次来源于一位名叫威廉·布莱克斯通（Wiliam Blackstone）的欧洲移民牧师。1999年11月，美国国会将其更名为约

---
[1] 授权法P.L. 99-647.

第 8 章　实例研究——黑石河流域国家遗产廊道　　143

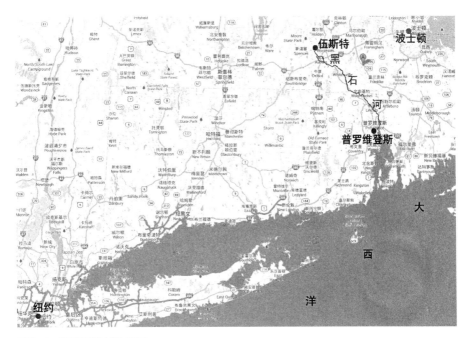

图8-1　黑石河流域的地图

图8-2　黑石运河国家遗产廊道范围

（来源：BRVNHC Commission，1998）

翰·查菲黑石河流域国家遗产廊道[1]，以纪念支持廊道计划的已故参议员约翰·查菲（John H. Chafee）[2]。

起初，黑石河流域只有原住民尼普马克人（Nipmuck）、万帕诺亚格人（Wampanoag）、纳拉甘西特（Narragansett）的印第安人在河两岸迁徙繁衍。居者开始在河两岸建造磨坊、铁匠铺、锯木厂。

1780年前后，已开始有人利用河水驱动水车。当地的企业家摩西·布朗（Moses Brown）渴望引进先进的纺织机械、技术。1790年，当英国人塞缪尔·斯莱特（Samuel Slater，图8-3）作为寻找机会的移民刚到纽约港时，摩西邀请他到波塔基特工作。为摩西·布朗工作不久后，斯莱特就复制出了他在英国贝尔培尔做学徒时使用的英国棉纺、粗纱和梳毛机。伊莱·惠特尼（Eli Whitney）发明了轧棉机，解决了亲手挑选棉花种子费时的困境。随后，伊莱·惠特尼的发明与斯莱特的制造系统结合起来，这样他们就一起缔造了美国历史上第一代完全机械化的纺纱工厂。随后，这种生产模式被美国各地竞相效仿，为南方棉花业带来了巨大利润，促发了美国纺织业的迅速发展。

1793年，为了更好地满足越来越多的机器和他们不断成长的野心，他们将生产车间迁入一个新的，更大的厂房。摩西·布朗与塞缪尔·斯莱特的合作为波塔基特赢得了无可争议的美国制造业发源地称号（Lebanon，2009）。然而，这只是他们巨

图8-3　塞缪尔·斯莱特肖像
（来源：Lebanon，2009）

1　为了行文简洁，文中还是沿用"黑石河流域国家遗产廊道"称谓。
2　P. L. 106-113，Approved Nov. 29，1999.

大成就的开始。他们不仅限于技术的创新,探索一种崭新的生活方式,影响当地的社会形态成为了他们共同的追求。此时,斯莱特发明了著名的罗得岛制造系统:为来到黑石河纺织厂工作的家庭构建村落,工人(图8-4)家庭居住在工厂业主修建的房子里,到公共修建的教堂做礼拜,在公司所有的商店里购物,送孩子到周日学校上学,每周有一天休息日。

1793年后,沿河的几个工厂镇之间社会与经济互动加强,促使部分从业者逐渐萌生了改善水路交通,以降低运输原材料与产品成本的念头。1796年,约翰·布朗(摩西·布朗的弟弟)首先提出建造运河改善南北交通,扩大内陆市场的想法。罗得岛的商人们立刻拥护了他的提议,然而上游的波士顿商人们担心贸易会流向普罗威登斯(Providence,罗得岛首府),坚决反对运河的修建,迫使运河计划一度搁浅。

19世纪初,沿黑石河及其支流分布的工厂快速发展起来,伍斯特与普罗威登斯的经济联系进一步加强,伍斯特的商人越来越需要南部的市场。再加上,与黑石河

图8-4 纺织工人肖像

(来源: Lebanon, 2009)

类似的项目——伊利运河的修建带来了巨大商业利润,让人们进一步领略了修建运河的光明前景。于是,波士顿与罗得岛立法委员都支持这个项目,商人与利益相关者投资担保成本,大量移民参与开凿。最终,1828年一条完整的运河将伍斯特与普罗威登斯连接起来(Lebanon,2009)。

黑石河流域早期工业发展的历史节点详见表8-1。

黑石河流域早期工业发展的历史节点 表8-1

历史年代	重要事件
1790年	塞缪尔·斯莱特和摩西·布朗首次成功使用波塔基特段黑石河能量的机械化的纺纱机
1793年	斯莱特和布朗将他们的生产迁入一个新的,更大的厂房
1806年	塞缪尔·约翰·斯莱特建立了工厂村,称之为斯莱特村
1828年	黑石运河连接伍斯特和普罗维登斯,黑石运河完整
1834年	铁路局打开波士顿和普罗维登斯的连接
1847年	普罗维登斯和伍斯特铁路开通
1849年	普罗维登斯机械师乔治·科利斯提高蒸汽机的设计,使其成为高效和实惠的替代水动力的设施
1870年	代尔公司建立了第一蒸汽动力厂村

(来源:根据Lebanon,2009绘制)

20世纪30年代开始,这里相继开通了几条铁路[1]。铁路的开通,一方面使这两个城市逐渐成为新英格兰地区的第二和第三大城市,另一方面由于铁路不受水道的限制,可以取道任何方向的特性,也削弱了运河的重要地位。此时,廉价、可靠的电力,低成本、无组织的劳动力吸引工厂离开黑石河流域,向南迁移。随后,这场制造业运动逐渐从新英格兰扩展到美国的其他地区。

然而,该地区在改变美国以农业为基础的经济结构,实现工业化的过程中,忽略了它的可持续发展。经过150年的经济增长后,黑石河流域经历了残酷的经济和社会衰退,留下了高失业[2],空置的厂房和污染严重的河流。在周围社区中,它的名声很差,沮丧的居民以这条河为耻。

---

[1] 1834年,波士顿到普罗威登斯的铁路开通。1835年,波士顿到伍斯特的铁路开通。1848年,从普罗威登斯到伍斯特间的铁路开通。
[2] 失业率在1982年达到顶峰,大约14%。

8.1.3 流域的历史意义与学术研究价值

黑石河流域是美国工业化的摇篮，它的建/构筑物与景观是美国工业革命辉煌历史的重要遗存，具有非凡的历史意义。同时，黑石河流域也是美国第一条受到工业污染的河流，其经历了美国工业经济发展的每个阶段，可以成为一个精明增长管理、环境修复，以及其他研究的国家样板，具有重要的学术价值。从遗产廊道的角度来说，黑石河流域是美国国会认定的第二条国家遗产廊道，第一条跨两个州的国家遗产廊道。因此，其也是研究跨区域合作伙伴公园模式的典型案例。

（1）黑石河流域在美国历史意义（BRVNHC Commission，1998）：

①它是美国工业革命的发源地；

②它代表水力首次在美国工业上的广泛使用；

③它是产生"罗得岛制造系统"的地方；

④它是新英格兰第一个种族和宗教多样化的地区；

⑤它的工业和交通系统对发展新英格兰地区的第二和第三大城市至关重要。

（2）黑石河流域的学术研究价值：

①它是北美可持续旅游研究的样板；

②它是美国遗产廊道/区域理论转化为实践的一个早期经典案例；

③它是迄今同类项目中接受政府援助时间最长，援助资金数目最多的案例；

④它是同类项目最先完成可持续研究的案例，其可持续性引起学界广泛关注。

8.2 模式概况

8.2.1 模式缘起

如前文所述，美国在实现工业化的过程中，忽略了环境保护与可持续发展。20世纪60年代后，美国工业中心逐渐由东部沿海向内陆转移，原来的工业区则经历了残酷的经济与社会衰退，留下了居高不下的失业率，空置的厂房和污染严重的河流。70年代后，随着可持续发展理念的兴起，世界地球日的确立，以及美国清洁空气法、清洁水法等相关法律的颁布，人们的环境保护意识逐渐提高，开始尝试通过历史、文化遗产保护带动生态环境保护，乃至区域整体振兴的运动。黑石河流域就是这种振兴运动典型案例。

20世纪70年代末开始，罗得岛州与马萨诸塞州由早期的各自建设州遗产公园，逐渐转向整体考虑流域范围内的利益。如，1977年罗得岛的社区成员、政府官员邀请马萨诸塞环境管理部门与黑石河流域协会代表共同参加，召开了围绕经济发展、环境保护、历史恢复与休闲的"黑石河流域河流/运河会议"。与此同时美国内政部也为此流域的整体保护积极提供帮助。1978年，内政部遗产保护与休闲局和罗得岛历史保护委员会在罗得岛开展了历史工程与工业遗址调查；1981年马萨诸塞州通过立法颁布了568宣章，立法授权建立了一个指导黑石河/运河恢复、使用的公同体——黑石河/运河委员会，法律同时也授权规划新的公园。同年，两个州还举行了面向流域整体的经济发展会议。1983年9月，国会要求国家公园局帮助两州建立从伍斯特（马萨诸塞州）到普罗维登斯（罗得岛州）的线性遗产公园。于是，国家公园局为两个州在解说规划、历史保护与运河恢复方面提供了帮助，并发表了题为《黑石河流域文化遗产与土地管理规划》的报告。该报在强调流域历史对国家重要性的同时，也基于流域无法获得大片联邦土地的现实，明确表示流域内不宜建立国家公园（BRVNHC Commission，1998），而赞同将其认定为国家遗产廊道。为了教育和鼓舞当代和未来的人们，对廊道内富有文化的土地、水道、结构等开展整合保护提供一个管理框架，在之前国家公园局与两州所作的努力基础上，1986年11月10日里根总统签署了《黑石河流域国家遗产廊道法》将其认定为国家遗产廊道。该委员会的早期任务是"协助发展和实施国家遗产廊道资源综合管理规划"。

8.2.2 廊道管理理念

为了实现黑石河流域资源的有效管理，规划团队经过协商确定了该流域管理模式的基本思路[1]：

（1）虽然罗得岛与马萨诸塞两州在土地保护、公园规划和经济发展方面有着丰富的经验和技能，但黑石河流域的保护与开发必须从国家利益和整体角度进行考虑。

（2）尽管黑石河流域的资源具有明显的国家重要性，但是完全由联邦政府实现流域的全面振兴是不可取的，也是不现实的，因为流域的景观是活态、自然生长的，它离不开当地居民的广泛参与；

---

1 根据黑石河流域文化遗产与土地管理规划（Cultural Heritage and Land Management Plan for the Blackstone River Valley National Heritage Corridor，1989）整理。

（3）黑石河流域国家遗产廊道的管理模式没有一个现成的、完全适用的样板，必须根据当地的具体情况不断摸索，走出自己的路子。

8.3 模式运作框架

黑石河流域国家遗产廊道的运作框架，具体由目标、愿景、地理范围、管理实体、合作伙伴网络、资金和其他支持组成。

8.3.1 廊道愿景

廊道中的各合作伙伴原本具有各自的愿景，廊道委员会不可以强求其一致，但可以协调、整合，尽量使局部利益服从整体利益，眼前利益服从长远利益。在规划的过程中，黑石河流域国家遗产廊道规划团队逐步认识到了流域20年后的共同愿景（NPS，1985）：

（1）黑石河流域成为平衡保护、休闲、经济振兴的模版；

（2）英明的土地利用和发展实践能够使流域的社区保留散落的村庄与城市的独特面貌，而不是任由危害的蔓延；

（3）居民认识到流域遗产的国家意义、重要性，并从拯救这些遗产中获得强烈的自豪感；

（4）黑石河流域被清洁，河两岸的人们在河边游憩，享受着它的公园。这一切将成为流域居民团结与合作的生动体现；

（5）居民和游客可以享受国家遗产廊道的自行车道、漫步道，还可以开展划船以及其他休闲娱乐活动；

（6）廊道的创新型解说项目，令人激动的博物馆、信息中心，以及每年的特殊活动让不同年龄的人们参与到流域的遗产活动中来；

（7）新商业机构成为流域的成员，他们利用了部分历史工厂，为流域的年轻人带来了就业机会和光明的未来；

（8）流域具有强大的整体价值，强调家庭与社区的联系；鉴于黑石河流域社会和文化传统的吸引力，新来者被接纳并在此扎根；

（9）两个州政府与24个地方政府，以及赢得流域再生的许多民间组织存在其中,他们以协作的方式向共同的远大目标努力奋进。

8.3.2　廊道目标

黑石河流域国家遗产廊道的管理目标是实现流域全面振兴的关键,它源自规划团队在规划进程中认识的不断深入,具体包括以下几点[1]:

(1)以整合的方式保护流域的历史、文化和自然资源;

(2)向流域的居民和游客解说和宣传廊道的重要性;

(3)促进挖掘流域独特资源的相关活动的开展,并邀请人们来分享和庆贺其成果;

(4)鼓励提升流域价值的物质、文化资源的公共和私人投资;

(5)促进流域在美国工业革命中作用的理解,以及它对当代启示的必要研究;

(6)协调和鼓励实现廊道目标的所有合作伙伴。

8.3.3　日常管理机构

黑石河流域国家遗产廊道的日常管理机构为"廊道委员会",它是早期遗产廊道典型的联邦委员会形式。黑石河流域国家遗产廊道授权法明确规定了其委员会成员包括:国家公园管理局指导一名,两个州的州长提名6名州相关部门的指导(3名/州,分别来自:州的环境管理部门、州历史保护办公室、经济发展部门),8名地方政府代表(4名/州),4名个人代表(2名/州)[2]。

8.4　行动策略

8.4.1　魅力塑造

(1)提升廊道的整体性和可达性

为了塑造廊道的整体形象,追求整体大于部分之总和的效果,黑石河流域国家遗产廊道从软、硬两方面开展了大量工作。其中,硬的方面主要是推进廊道物理连接,软的方面主要是从概念上强化廊道的整体性:

1　根据黑石河流域文化遗产与土地管理规划(Cultural Heritage and Land Management Plan for the Blackstone River Valley National Heritage Corridor,1989)整理。
2　见黑石河流域国家遗产廊道官方网站(http://www.blackstonevalleycorridor.org/explore/)。

①加强物理连接

• 开展流域范围内游道/绿道系统建设

廊道在授权之初就有在流域范围内发展游道/绿道,加强区域之间连接的意图。所以,很快就开展了流域范围的游道/绿道规划工作,摸清了游道/绿道的现状,论证了通过区域游道将社区、居民与自然、历史文化资源连接起来的可行性。论证结果显示:黑石河流域虽然夹在新英格兰三个最大的城市中间,尽管面临很大的发展压力,但依然有通过发展游道/绿道连接社区的机会[1]。于是,委员会确定了其游道/绿道发展的三步方略:首先,打通从伍斯特(马萨诸塞州)到普罗维登斯(罗得岛州)游道,接着推进新英格兰南干线游道向富兰克林国家森林和威利曼蒂克的发展和延伸,最后在一些符合条件[2]的子区域优先发展一些游道(图8-5)。

图8-5 黑石河流域游道/绿道构想规划

(来源:BRVNHC Commission,2003)

---

1 见黑石河流域国家遗产廊道授权法(Public Law 99-647,1986.)
2 优先发展标准:社会支持度;项目所在区域情况;休闲和历史意义;连接现有游憩或遗产基础设施的能力。

后来，在实施过程中人们发现原来拟参照联邦公路标准，仅修建自行游道的想法有些行不通，尤其是在它们与敏感资源冲突时。而按照"绿道"的设计标准，似乎能更好地避免对湿地、林地的严重影响，也能很好地保护廊道的历史特征、文化意义。因此，现在称黑石河绿道系统[1]。

像廊道其他的主要项目一样，游道/绿道也是以合作伙伴的方式开展的，其主要合作伙伴包括国家交通运输和环境机构。它们在项目主要承担领导、规划、设计、建设和管理责任，也负责提供一部分资金，如联邦交通资金对自行游道的建设起到了很大的帮助作用。廊道委员会的贡献尤其体现在早期阶段，其主要职责包括规划技术援助，确保联邦和州政府的配套援助资金，公共宣传，以及与社区的协调。

这项工作从一开始就得到了广大民众，以及重要官员的支持。所以，各项工作开展的比较顺利。截至目前，已经完成，并向公众开放了罗得岛部分的11.5英里（从中央瀑布、林肯向到坎伯兰的10.3英里，另外加上部分支线），马萨诸塞部分的2.5英里（伍斯特和米尔伯里之间）的自行车道（图8-6）。

如今，随着越来越多的游道/绿道完成和大量投入使用，当地社区不仅认识到游道/绿道的开放空间游憩效益，也意识到了其对当地经济的积极影响和社会效益（图8-7），那些还没有建设的社区都在焦急地等待，希望尽早能够轮到自己（BRVNHC Commission，2003）。

- 构建黑石河和运河航运系统

早在1990年，黑石河流域旅游协会就初步确定了黑石河运河航行运输系统的构想。之后，随着黑石河自行车道的发展，人们越发认识到改善沿河登陆实施（图8-8），开展水上体验活动已迫在眉睫。1992年，随着《跨模态表面运输效率法案》的出台，黑石流域旅游协会开始努力开拓黑石河航道，整个项目分为：可行性研究、设计、建设三步进行[2]。

- 创建游客服务站网络

为了帮助你获得在黑石河流域的方位、导路、或者其他游憩信息，遗产廊道委员会在流域内创建了以7个游客中心为主体，其他小型服务站为辅助的网络（图8-9）。在这些地方你可以轻松地获取所需要的游憩信息。

---

1 以自行车道为其基本骨架。
2 见黑石河流域国家遗产廊道官方网站（http://www.blackstonevalleycorridor.org/explore/bikeway/）。

第 8 章 实例研究——黑石河流域国家遗产廊道 153

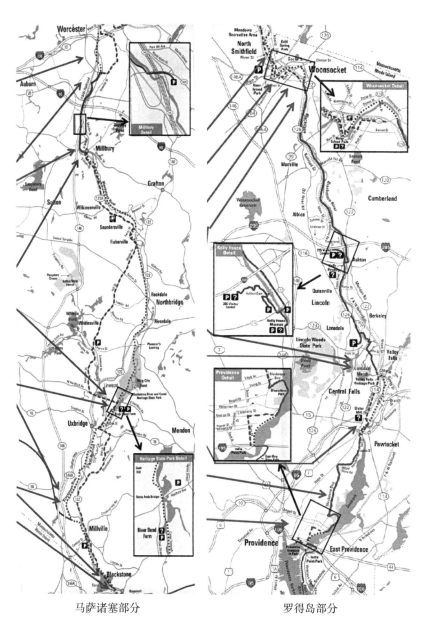

马萨诸塞部分　　　　　罗得岛部分

图8-6　自行车游道的完成情况

（来源：BRVNHC Commission, 2003）

图8-7 同一地点游道建设前后的比较
(来源:BRVNHC Commission,2003)

图8-8 河岸船只登陆点建设
(来源:http://www.blackstonevalleycorridor.org/)

图8-9 游客服务中心建设

（来源：http://www.blackstonevalleycorridor.org/）

- 在黑石河两岸开展公园和保护区项目

在运河沿线开展线性公园与保护区域建设，以强化廊道各部分之间的联系，以及整体的线性特征。

②加强廊道区域的概念链接

- 廊道符号的强化

协作和支持廊道委员会为整个廊道设计、安装统一的廊道标牌、道旗，强化廊道的整体形象；设计、制作含有廊道标志的各种宣传册页，在廊道各服务站向游客免费提供；开发各种印刷/雕刻廊道标志的旅游纪念品，供游客选购。

- 廊道传统文化交流活动的开展

黑石河流域范围内，经常开展一些文化活动，将不同民族、不同种族的人联系在一起，在传承廊道文化的同时，也在不断续写廊道文化新的篇章。如"后院"，"没有地方像家一样"之旅，樱花节，高尔夫巡回赛，划船旅行，极地特快火车之旅等；为了加强不同种族之间的联系，廊道商务旅游协会等组织，还经常开展一些民族特色的节庆活动，以增强廊道的凝聚力和吸引力。如，考虑到当地华人较多，他们每年还举行龙舟节、台北节等令人印象深刻的国际滨河文化活动；此外，一些传统的农业和民俗活动也经常在流域内开展，如2013年10月19日，黑石河流域商务旅游协会将在马萨诸塞州，举办"金秋家庭节"和手工艺品展览会，为流域的家庭带来"开心农场"，以及各种手工艺品的展示和让利销售活动。除了纯粹的游憩活动外，还有一些廊道与主题相关的节庆活动。

黑石河流域运河遗产廊道标志

黑石河流域山岳自行车协会标志

国家公园管理局标志

图8-10　廊道内的几种标志

（来源：http://www.blackstonevalleycorridor.org/）

（2）加强资源保护

①历史/文化资源保护

早在1986年，当黑石河流域被国会认定为国家遗产廊道时就认识到了廊道工业资源的重要性。为了完成国家遗产廊道的使命，国会委托内政部在廊道范围内进行了历史/文化资源的全面调查，该项行动名为"黑石河保护研究"。整个研究由同一家公司[1]分两阶段完成。其中，28英里的马萨诸塞州部分完成于2005年9月，罗得岛部分完成于2010年6月。研究除了发掘、测绘资源外，还负责为一些特别重要和完整的资源提供保护、稳定、康复和解说的建议。

此外，2006年10月12日当黑石河流域再次获得5年授权（授权法P.L.109-338）时，为了进一步弄清廊道资源的重要性[2]，国会要求内政部在黑石河国家廊道边界内开展一次遗址和景观特色资源的深入研究（SRS）[3]。黑石河"保护研究报告"与"特色资源研究报告"封面见图8-11。

通过这次特殊资源研究，国家公园局对流域内的遗产资源进行了深度、广泛的

| 黑石河保护研究 | 黑石河保护研究 | 特色资源研究报告 |
| （马萨诸塞州部分） | （罗得岛州部分） | |

图8-11 黑石河"保护研究报告"与"特色资源研究报告"
（来源：http://www.blackstonevalleycorridor.org/）

---

1 Vanasse Hangen Brustlin公司，简称（VHB），主要负责交通运输、土地开发、环境服务方面的业务，公司网址www.vhb.com。
2 为5年廊道授权期满后，区域采取何种管理模式做准备。
3 参见可持续旅游网站http://www.sustainabletourismlab.com/cox.doc。

调查、评估，并列出廊道范围内7处重要遗产资源：黑石河和它的支流、黑石运河历史街区、老斯莱特工厂国家历史地标、斯莱特斯维尔历史区、艾什顿历史区、怀廷斯维尔历史区、代尔村历史区（后四个为厂村）。

在以上这7处重要遗产资源中，由于"老斯莱特工厂国家历史地标区"的特殊重要性，在可持续研究中将其单列为国家历史公园，其余几个区域可以归纳为：黑石河/运河、工厂/厂村、城镇中心、农业用地/开放空间四种文化景观类型。对于这四种文化景观资源，廊道采取了不同的保护与发展策略。

- 黑石河/运河的保护与发展

在没有认定为国家遗产廊道前，黑石河的保护工作已经陆续开展40多年，然而许多重要的运河段落仍然在私人控制之下，尚无法开展协调的整体保护，人为损毁、自然退化时有发生。通常，影响运河完整性的常见因素有以下几种：

运河渠干砌石墙倒塌；私人倾倒、填充和自然侵蚀造成运河渠道完整性的损失；

大型树木类等自然生长的植被使运河纤道沟槽和平台结构完整性受损；纤道上现有的漏洞在自然过程中进一步削弱了纤道的稳定性；纤道平台的侵蚀。

对黑石河/运河的整合保护与发展策略：要争取土地或地役权，创造公共访问的条件，随后进一步制定保护与解说的策略。如果不能获得土地或地役权，则可以对该区域提出保护限制，要求其与该廊道的总目标保持一致；恢复重要历史河段和关键特征，为现存的河段注水。

- 工厂/厂村的保护与发展

在黑石流域的工厂/厂村体现了早期美国农村社区工业化的重要特征，是罗得岛制造系统的重要成分，其面积大、分布广，是廊道区域整合保护与发展的重要对象（表8-2）。

黑石河流域重要的历史区域 表8-2

历史区域名称	属　地	登录时间
斯莱特斯维尔	罗得岛北史密斯	1973
怀廷斯维尔	马萨诸塞北桥州	1983
艾什顿	罗得岛坎伯兰	1984
代尔村	马萨诸塞州代尔	2002

（来源：根据http://www.blackstonevalleycorridor.org/资料整理）

对于这些工厂/厂村历史区资源的整合保护与发展策略是赋予工厂以新的生命[1]。然而，在实际操作中厂房及周边社区的使用往往会比新地块的开发复杂得多。这些建筑尺度通常比较大，功能比较单一。人们一般很难接受这样的建筑。因此，一方面要对其内部的结构、尺度、功能进行较大的设计调整，使其能够满足承租户的使用需求，另一方面还要对其基础设施进行改造，以便其能够满足相关建筑与环境规范的要求，如消防通道是否畅通，是否具备相应的停车条件等。此外，这些老厂房建筑一般位于运河的缓冲区，建筑之间巷道狭窄，经常是新战略规划遗忘的角落。对其进行再利用也应考虑其原有的城市肌理与空间意向，以及不菲的改造成本。

黑石河流域在廊道项目经费的支持下，聘请相关专家对工厂/厂村历史区进行了精心的规划设计，成功地完成了一批工业建筑的改造。

• 城镇中心保护与发展

中心区是昔日运河贸易和经济活动的重要载体，经过多年的衰败以后，在面临新的发展机遇时，需要精心地规划整合，既要保护其传统历史风貌，也要考虑当今的发展需要。通常，流域内的各州会根据各区域具体情况，为其历史城镇中心成立专门的设计指导、审查委员会[2]，制定设计导则（图8-12），并负责对拟修建的项目进行审查。这种审查不同于国家注册历史街区的审查。国家注册历史街区审查只针对那些拟申请其经费资助的项目。地方历史街区审查通常针对区的边界内的任何可见的外部修建活动。

标志要清晰、明确、恒定　　参照原有的标志
　　　　　　　　　　　　　不要影响建筑的特征

对标志的要求

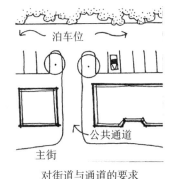

对街道与通道的要求

图8-12　设计审查对街道的要求
（来源：Taintor & Associates Inc., 2003）

1　见黑石河流域国家遗产廊道官方网站（http://www.blackstone valleycorridor.org）。
2　审查委员会通常由精通设计、景观建筑、商业、文物保护、城市规划的专业人士组成。

历史街区设计/审查导则通常包含：建筑与周围环境的融合度；对景观的保护与提升作用；提供开放空间情况；交通流线是否通畅；广告标志的易辨识度，对周围环境特质的影响；辅助设施与街区整体特色的协调度；对社区文化遗产的保护情况；对空间安全性的影响；考虑噪声、烟雾、热、光等"小气候"的考虑情况；对雨、雪、冰等自然要素的考虑。

社区级的设计/审查导则，在马萨诸塞州和罗得岛州的情况稍有不同。马萨诸塞州的授权法中没有具体的参考依据，设计审查委员会对规划和区化工作主要起到咨询作用。然而，当涉及那些区划条例里有严格规定的重点项目时，其必须具备审查委员会意见的支持；在罗得岛州则大不相同，罗得岛州的授权法中明确提到"分区条例"，用以促进"私人和公共设施的高品质设计"的基本精神。因此，罗得岛州各社区可以为设计审查提供一个直接的、明确的方法，而不仅限于咨询。

近年来，两个州分别在其管辖的社区内成立了一些设计审查委员会。如罗得岛州的普罗维登斯市中心设计审查委员会，马萨诸塞州布鲁克林设计审查委员会等。这些委员会为其建筑和场所分别制定了相关的导则，下面以表格的形式将其相关内容列举如下（表8-3）：

设计导则对建筑、场所的要求　　　　　　　　　　表8-3

建　筑	场　所
高度、形状、密度、布局	园林绿化及铺装
形态、体量	车辆和行人的流线
元素：窗、门、屋顶、材料	排水
与街景的意象的兼容性	基础设施 空调机组，垃圾桶，室外储纳设备等，照明

（来源：Taintor & Associates，Inc.，2003）

实践证明，这些设计/审查导则对廊道社区城镇中心的整合保护与开发产生了一定积极意义。然而，这种导则具有一定的主观性，因此审查过程中也经常会产生比较激烈的争论。所以，其指导委员会一般由5名成员组成，以投票的方式表决，当支持票数大于3∶2时通过。即使申报的准备材料不充分，审查不通过，指导委员会也会提出相应的修改意见，帮助你最终能够通过。因为，只有获得审核批准后，方可获得建设许可证。

总的来说，认定为国家遗产廊道后黑石河流域的历史/文化资源保护取得了可喜的成绩，单从廊道内2002年国家注册项目数（7229处）与2012年国家遗址注册项目数（8396处）的比较中就可以看出其成就。

②自然资源保护

由于过去一味地强调经济增长，忽视了纺织工业给环境造成的破坏，黑石河在成为美国第一条工业化河流的同时，也成了美国最先受到污染的河流。由于黑石河流域的国家历史重要性，黑石河域的环境问题早在20世纪中期就引起了人们的关注。下面是几个比较有代表性的活动/时间节点。

20世纪60年代，罗得岛林肯地区的居民形成了自然推进委员会，在林肯地区清理有环境污染问题的地段。

1972年9月9日，在普罗维登斯日报公司的发动、协调下，1万多名志愿者，500多家企业和大量政府与非营利机构，来到马萨诸塞州中南部至纳拉甘西特湾的一段运河里开展了大规模的清理活动。这就是美国历史上最著名的环境保护计划[1]的开端。它的名字叫"ZAP"，整个计划预期三年完成（图8-13）。

1998年，流域被认定为国家遗产廊道后，开展了自然资源调查和评估，并对廊道的自然意义作了总结性陈述。为了下一步采取具体的干预措施，这次调查对廊道最重要的自然资源进行了确认和分析。

2000年，为了提高对运河及其相关问题的认识，并制定其更新的策略，廊道委员会及其合作伙伴，在伍斯特与波塔基特间举行为期四天的考察活动，名为"远征2000"。

图8-13 "ZAP"相关图片

（来源：http://www.blackstonevalleycorridor.org/）

---

1 见黑石河流域国家遗产廊道官方网站（http://www.blackstonevalleycorridor.org/sustainability/environment/）。

2003年以来，廊道委员会在众多合作伙伴的协助下开展了许多水质清洁、监测方面的工作，从80多个监测点获得了75份以上的有效采样。同时，该委员会还提供资金、人员和技术援助等进行运河网站的建设，展示河流整治进展，接受公众的建议与监督。

目前，运河水质已经达到C级，基本能够满足游船和其他次级接触游憩活动，估计2015年能够实现钓鱼/游泳的预期目标。

③农业用地/开放空间保护

在黑石河流域范围内农业景观与工业景观已经交叠了150年以上。回想往昔流域内机器轰鸣的岁月，流域内的农场为工人们提供粮食和临时帮工。从某种意义上来说，流域内的农业是其工业生产的坚强后盾，其农业用地/开放空间与工业景观密不可分。对这类资源进行保护，是还原廊道生活记忆不可或缺的片段，也是提供地表水、地下水资源保护，野生动物栖息地和审美价值等的手段。

在廊道获得国家认定后，陆续完成了菲雷格斯采石场的保护，两个州的遗产公园项目等，也取得了不错的效果[1]。

（3）促进休闲/游憩项目的开发

流域内杰出的历史/文化、自然资源，以及其独特的地理位置，共同赋予其良好的休闲观光、旅游潜质。

目前，廊道内开发了多重体验的休闲项目：自行车运动、划船、观光火车、汽车、徒步旅行。

（4）营造良好的伙伴关系

运河国家遗产廊道实际上是一种合作伙伴制公园模式，它的魅力除了关乎其硬件实施外，还与其良好的伙伴关系有关。如果将黑石河流域运河国家遗产廊道比作一部电脑的话，那么公私间良好的"3C"[2]合作伙伴模式（图8-14）就是其操作系统和运行软件，没有它该"机器"一样不能运转。

从资金方面来看，国会每年划拨的资金非常有限，廊道运转的大量资金实际上来自民间（非营利组织、企业和个人）。按照其授权法的规定联邦援助黑石河流域大约100万美元/年，用来清理河道、建立遗产博物馆、恢复剧院、建设自行车

---

1 农业土地保护方面国家农地信托、保护与休闲部门、州农业委员会等一些单位通过资金援助与补偿措施。
2 合作、咨询、协调（Cooperation, consultation, coordination）。

图8-14 "3C"模式的合作伙伴关系

道、开发旅游项目,以及编制相应的规划。这些联邦资金至少需要地方资金与其1∶1匹配。然而,据有效数据显示:1987—2004财年,联邦拨款为2363.86万美元的(Billington R,Cadoppi V,Carter N,2007),而地方资金援助为200万美元/年。

下面通过两个表来反映其伙伴关系建设情况(表8-4,表8-5):

2009—2011年黑石河流域运河国家遗产廊道发展伙伴关系数据统计表　表8-4

年份	正式合作伙伴关系	相关的合作伙伴关系
2011	34	62
2010	45	29
2009	48	39

(来源:http://www.national heritage areas.us/)

2010年黑石河流域运河国家遗产廊道接受到地方援助资金的明细表　表8-5

2010合作伙伴	资助金额
马萨诸塞州奥杜邦协会	$3,000
黑石河流域协会	$6,000
东普罗维登斯市	$3,000
黑石谷历史学会	$3,000
米尔伯里镇	$2,210

续表

2010合作伙伴	资助金额
格拉夫顿历史学会	$3,000
运河区联盟（责任有限）公司	$3,000
保存伍斯特	$3,000
水域农场保鲜公司	$2,650
湾州立小道骑马协会	$3,000
E.黑石贵格会议室墓地历史协会公司	$2,620
走廊的守护者（责任有限）公司	$5,000
黑石河联盟	$17,500
谷铸造！	$20,000
riverz边缘艺术项目	$19,950
罗得岛州历史学会	$13,290
ASA的水域大厦的朋友	$13,750
朋友，家人团聚（责任有限）公司	$20,000
丹尼尔斯田庄的基础公司	$20,000
黑石谷教育基金会	$10,000

（来源：http://www.national heritage areas.us/）

这些数据再一次有力地证明，黑石河流域运河国家遗产廊道是拥有良好伙伴关系的，是充满魅力的。

8.4.2 魅力展现

廊道魅力展现有内、外两方面的目的。一方面，对内是为了将成绩与利好消息及时传播给居民、合作伙伴等利益相关者，让大家共享喜悦，增强公众的区域自豪感与自信心。另一方面，对外是将廊道美好的形象展示给游客，吸引他们到廊道游憩，以便带来更多商业利益和良好声誉。其魅力的展现方式主要有以下几种：

（1）广告、包装途径

在黑石河遗产廊道计划启动后不久，委员会就组织开展了廊道内各种标识、标牌的设计制作、安装（图8-15）。现在，各种标识已经覆盖廊道内所有道路与重要建筑、景点。

此外，期刊等平面媒体宣传方面。据有关资料统计，在第一个10年授权期内，廊道委员会与廊道旅游协会以合作伙伴的方式一起开发的"一周精选"期刊就达到同时在廊道内的80多个媒体出口同时分发（图8-16）。

第8章 实例研究——黑石河流域国家遗产廊道

图8-15 廊道导识系统

（来源：http://www.blackstonevalleycorridor.org/）

图8-16 廊道内发行的各种期刊、宣传册

除了上面通过视觉途径外，廊道还通过网站、电视等传媒途径展现廊道魅力，传播廊道内各种鼓舞人心的好消息，并欢迎大家参与到廊道的管理中来。此外，委员会经常还制作一些会议、资源调查等活动的视频短片，并在当地的有线电视台播放。

（2）学术途径

教育是廊道文化传播的一种重要途径。研究是对廊道资源的进一步挖掘整理，是对廊道现状的动态关注，廊道委员会曾经与布朗大学、伊尼洛易斯大学等高校进行过多次联合研究，也经常与罗得岛的社区学院合作开展各种文化交流活动，加强流域文化的挖掘、整理、交流、推广，进一步增加地域魅力（图8-17）。

如今，Elderhostel项目，国家历史建筑保护信托，英格兰、巴西的一些研究组，还有美国的其他社区已经把黑石流域作为其研究的范本了。

（3）营销途径

黑石河流域很早就成立了商会组织，近年来又成立了可持续研究实验中心，有很多关于旅游营销方面的理念和实践探索。如，流域商业旅游协会（bvcc）开设了一个比较廉价的营销活动。只要每月缴纳30美金，你的宣传册页就可以在流域内40个信息服务点向游客免费发放。

（4）廊道商业、文化活动途径

黑石河流域与外界商业、文化交流的历史很早。现今流域内是个多民族、多种族地区，各种商业、文化交流活动非常频繁，这对于展现廊道魅力起到了很好的作用。近年来，随着流域内经常举办烟火节等活动，吸引了附近的波士顿、伍斯特等地客流前来参观、体验，使得流域魅力进一步绽放。

图8-17　廊道内开展的各种教育、研究活动

（来源：http://www.blackstone valley corridor.org/）

8.4.3 经济振兴

廊道历史保存、生态修复、解说/教育等其他目标的实现都离不开经济的发展。其主要通过以下几个方面来发展其经济：

（1）地方工商业的振兴

作为美国工业革命的发源地，工商业曾是流域的经济支柱。流域注重加强与周边的普罗维登斯、伍斯特、波士顿等大都市区的经济一体化，通过这些大城市地区提供的材料、交通、服务资源，吸引一些企业到这里落户[1]。此外，还通过税费优惠手段保护和发展原有手工业、零售业。

（2）工业建筑的再利用

通过与国家历史保护信托等非营利组织合作，参考流域保护专家的意见，利用税费优惠等刺激政策促进区域旧工业建筑的改造与适应性再利用（图8-18），以达

用作廉租老年公寓

用作接待中心

图8-18 工业建筑的再利用

---

1 与国家遗产廊道目标不相冲突的一些低耗环保企业。

到房地产市场的升温。

(3) 旅游开发

旅游开发是黑石河国家遗产廊道振兴的一项重要手段。在廊道委员会制定的第一份文化遗产与土地利用规划中就包含有旅游开发的部分。为了更好地发展廊道旅游,1985年廊道成立了旅游协会,比林顿当选为协会主席。协会通过与政府部门、州、地方,非营利组织一起宣传该地区,来开展当地的旅游活动。之后,廊道还成立了黑石河流域旅游合作战略策划组织。

1992年,黑石流域旅游协会根据廊道管理规划中关于旅游开发的基本精神,为罗得岛部分编制了与整个流域的工业、经济,以及主街发展相一致的区域旅游综合发展规划。该规划同时考虑到了保护重要工业遗产,保持文化的多样性,以及提升高度退化的环境。之后,廊道又在罗得岛旅游规划的基础上编制了整个流域整体的旅游规划。这个整体的中长期规划的主要任务是将黑石河流域营销、推广为一个著名的,可持续的旅游目的地。

廊道旅游协会,通常每年会开展一些游憩活动(图8-19),以吸引人们前来旅游、观光。如每年都举办的:公共河流的旅行探险家活动,自行车旅游,龙舟比赛,台湾旅游节,每周餐厅等。

图8-19 多种廊道游憩活动

(来源: http://www.blackstone valley corridor.org/)

8.5 可持续研究

黑石河流域国家遗产廊道是国会以该种模式的早期尝试，国会最初只打算授权资助5年，假如5年期满后，其不能自行运转，就再资助5年。结果，5年后各项工作才刚刚有了头绪，国会就按原计划对其完成了10年的首期资助。10年后，廊道各项工作开展得如火如荼，取得了不小的成就，也得到了周围居民的普遍拥护，但一些基本的资源保护还没有最终完成，于是国会决定再支助10年。到2004年时，国会已对这个区域持续资助了18年，随着越来越多的区域拟申报国家遗产廊道/区域类项目，国会资金压力很大，此时各种否定的声音不断流出。人们都知道，从动机上来说，这种以遗产为契机的经济振兴模式本身就是从可持续发展角度出发的。但这种模式机制设置上能不能保证其可持续发展呢？这就必须通过实践检验其实验成果，并根据检验结果制定出其未来的可持续发展之路。

8.5.1 可持续研究背景

为了提前考虑第二次授权期满（2006年）后廊道的管理模式。黑石河流域国家遗产廊道委员会于2004年启动了可持续研究，对遗产廊道委员会（1988年5月成立）过去18年工作进行了全面的评价，并探寻了2006年以后廊道未来的管理模式。为了获得一个相对客观的结果，廊道委员会以开放、诚实的态度主动要求采用第三方评价的方式。显然，国家公园管理局保护研究所是担当这次评审的最佳单位。于是，廊道委员会请求其来进行这次评审工作和论证工作，同时也鼓励合作伙伴与普通民众的广泛参与。评审过程中，研究所审查委员会对其成就、融资能力，以及未来管理模式进行了评价和论证。

论证结果显示，在过去的18年里，黑石河流域国家遗产廊道现有的联邦委员会管理框架是非常有效的，在许多重要方面做出了杰出贡献。同时，可持续研究团队也分别论证廊道未来可能的5种管理框架，及每种框架的利弊。

这5种框架分别是[1]：

（1）保留其目前的形式，扩大现有的框架；

（2）调整现有的框架；

---

1 参见http://www.blackstone valley corridor.org/sustainability/environment/.

（3）建立一个新的管理机构；
（4）在廊道上建立一个永久的国家公园系统单位；
（5）沿着没有联邦政府支持的框架向前发展。

8.5.2 可持续研究的现状

如前文所述，2004年可持续研究提出的5种未来管理模式皆各有利弊。继续采取联邦委员会的模式固然很好，但那将意味着国会每年还需继续投入大量的资金，这违背了国家建立这种地方主导模式的初衷。然而，完全没有国家的资金扶持又不符合现实（目前阶段廊道内一些基本的资源保护还未最终完成，如水质净化）。于是，2006年10月12日国会通过公法P.L.109-338，在维持原有管理框架的状态下，再次授权资助5年。由于，5年（2011年）后廊道仍将面临采取何种管理框架的抉择。这项法律同时也要求内政部对流域的特殊资源作一次全面的研究，以便决定是否要在廊道内建立永久的国家公园系统单位。

根据进入国家公园系统单位的标准[1]，在与华盛顿的国家公园管理局历史项目办公室进行全面的分析后，研究团队确认黑石河流域的工业遗产资源满足国家重要意义标准的资源包括：黑石河、黑石运河、老斯莱特工厂国家历史地标区，以及斯莱特斯维尔村、艾什顿村、怀廷斯维尔村、代尔村[2]。

之后，研究团队得出结论：鉴于该地区资源的重要性，最好有国家公园局的长期参与，该地区纳入国家公园系统单位是合适且可行的，并进一步指出该地区需要国家公园管理局与地方合作伙伴共同管理。同时，研究团队也为其论证了可能的几种管理模式，并对各种模式的环境影响做出评价，以作为最终选择的判断依据。

这几种模式分别如下（表8-6）：

2014年12月19日，奥巴马总统签署了美国参议员杰克·里德（Jack Reed）提议的法案——《黑石河谷国家历史公园成立法案》，于是黑石河流域国家历史公园从法律上正式确立下来，成为国家公园局第402个单位。这个历史公园是由很多块组成的，地域范围将基本按照2011年资源调查拟定的第三套方案，大致包括：黑石

1　一个区域可以被认为国家公园系统潜在区域，要求它是现有国家公园系统单位内没有得到充分体现的一个自然或文化资源类型，在其他联邦机构内也没有对该类型资源进行保护。
2　http://www.blackstone valley corridor.org/sustainability/environment/.

黑石河流域未来可能的几种管理模式　　　　表8-6

管理框架备选模式	具体内容
依照当前的授权模式继续运作	流域被继续授权为国家遗产廊道，由联邦委员会的模式运作，不建立新的国家公园系统单位
老斯莱特工厂国家历史遗址	老斯莱特工厂国家历史地标区被认为潜在的国家公园体系单位，由老斯莱特工厂协会保持（OMA）和国家公园局共同管理
黑石河流域工业遗产国家历史公园	范围包括： • 老斯莱特工厂国家历史地标区； • 斯莱特斯维尔历史区； • 艾什顿历史街区； • 怀廷斯维尔历史区； • 霍普代尔历史区； • 黑石河和它的支流； • 黑石运河； 这些地区可以通过全部收购或地役权收购的方式进行控制。 廊道内，国家历史公园边界之外的地区交由地方合作伙伴管理，可采取黑石河流域国家遗产廊道公司的形式

河、老斯莱特工厂国家历史地标区、斯莱特斯维尔历史区、艾什顿历史街区、怀廷斯维尔历史区、霍普代尔村历史街区、黑石河和它的支流、黑石运河等地块（图8-20）。除了划作国家历史公园的地块，原黑石河流域国家遗产廊道的其他的地块，以及附近新加入进来的一些地区将由黑石河遗产廊道有限公司管理，这个由非营利组织运作的"遗产廊道有限公司"将与新成立的国家历史公园以合作伙伴的形式，共同实现该地区的保护和发展。这种模式就灵活实现了重点区域与一般区域的保护与发展双赢。因为，前一阶段廊道内重点历史区域与沿线的一般区捆绑式发展，已接近实现了整体的带动效应，各项工作已经取得了阶段性的成果。下一阶段，如果再绑在一起对双方都不利。因为，这样该重点保护的保护不起来，该放开的项目又受到很多限制。所以说，下一阶段，分则两利，合则两伤。但分开并不意味着完全割裂，他们还将互相影响，并共同作用着当地社会、经济、文化。

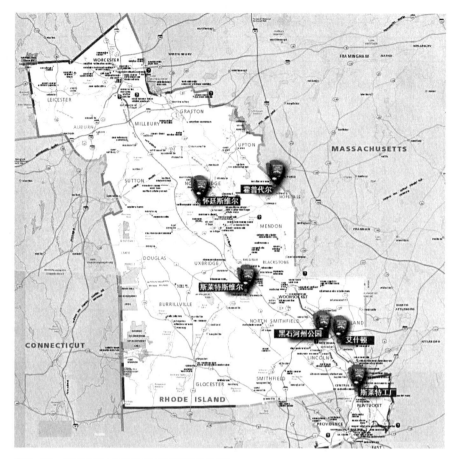

图8-20　黑石河国家历史公园主要地块分布

8.6　本章小结

黑石流域运河国家遗产廊道是遗产区域模式的早期试验。它显示了该模式在以合作伙伴方式，吸纳地方资本进行跨区域整合保护与发展方面的巨大优越性。其初衷是将资金来源和运作管理交由地方。因此，该模式在脱离国家公园局以后，将如何让运作正是学界关注的焦点所在。

本章以黑石流域运河国家遗产廊道为例，在前文论述的基础上，从实例的角度，由流域的地理、历史背景入手，对黑石河流域国家遗产廊道模式，以及其可持续发展的未来模式进行了比较深入的探讨。

第9章　　结语

美国是国家遗产廊道模式的发源地,主要实践地,对这一模式的理论研究和实践探索已有30多年,在这一过程中获得了许多理论成果与实践经验。当前,这些理论成果与实践经验,已引起了国际学界的广泛重视。恰好,我国也是一个富含线性遗产的国度。目前,尽管我国局部地区已开始该模式的早期尝试,但官方的遗产保护体系中还没"国家遗产廊道"这一层次的构架,我国特色的线性遗产运作机制和保障制度还没有建立起来。

有感于斯,笔者怀着好奇的心情赴美考察学习一年。经过实例考察,多渠道收集资料后,笔者对相关文献资料进行了仔细梳理,结合考察的切身体会,对其进行了较为系统的研究,得出了一些结论与启示。

9.1　主要研究结论

(1)美国运河国家遗产廊道模式的出现,是由于综合因素共同作用的结果

笔者通过有关资料的详细梳理,将美国运河国家遗产廊道模式的出现归结为以下几方面原因:

首先,20世纪60年代以后,美国的产业模式逐渐转化,大量运河及其周边城镇逐渐衰落,导致这些地区经济下滑、人口外流、社会治安恶化,于是政府想到了通过建设公园,改善环境基础设施,并利用原有工业遗产拉动旅游经济的办法。

其次,得益于近年来美国文化景观保护运动的快速发展。近年来,美国文化景观保护领域在区域遗产,尤其是线性区域遗产保护层面逐渐摸索出了一套整合保护的方法,受到了国际学界的广泛。本书中笔者对其发展脉络作个详细梳理,并尝试性地划分了其发展的几个阶段,指出了各阶段的特点。

最后,具体形成"运河国家遗产廊道"线性遗产合作伙伴制保护模式,是由于美国东部土地构成现状,国家的经济负担,还有国外类似项目经验的借鉴,保护理

念的发展等客观的原因。

（2）美国运河国家遗产廊道是一种以目标为导向的整合保护与发展的运作模式。这种运作模式最终能否实现其预想目标，需要精确的目标定位、迅速有效的行动策略、科学的管理框架、协调的运作机制、有序的运作过程；笔者在前人研究的基础上，勾绘出了美国运河国家遗产廊道模式运作机理等相关示意图。

（3）美国运河国家遗产廊道管理规划是廊道委员会在国家公园管理局援助下，为廊道管理建立的行动指南，它从目标搜索入手，经目标定位——目标表达——目标分析，到制定预景式多解规划的过程。整个过程是由国家引导、地方为主、多合作伙伴参与的草根式保护与发展模式。它的规划是以资源保护为前提，经济/社会发展为重要目标的战略规划。环境影响报告通常是其多解规划方案最终抉择的重要依据。

（4）美国运河国家遗产廊道是一种大尺度、网络化保护与发展模式。其具有管理主体的基层性、管理方式的协同性、管理目标的整合性、管理进程的动态性四个方面的基本特征。要保持这样一种大尺度、网络化保护与发展模式的正常运转，除了该模式自身设置要具有科学性，要培育良好的合作伙伴文化外，其强大的外部制度保障也是必不可少的；文中笔者在深入洞悉美国运河国家遗产廊道管理目标的基础上，尝试性地勾绘出了遗产保护、环境资源保护与游憩发展三者之间的关系模型。

（5）美国运河国家遗产廊道模式是具有可持续发展潜力的，但还必须从内部建设，与外部保障两方面予以加强。笔者通过研究，总结出美国运河国家遗产廊道模式的内部建设，要先从管理框架的选择入手，然后还要加强战略规划、战略管理、战略监测、战略评估，外部保障要从非营利组织的壮大、法制完善两个主要方面加强建设，并得出美国运河国家遗产廊道模式的设想是具备可持续性潜质的结论，接着指明了其可持续性发展的方向。

9.2 对我国的启示

我国有着丰富的线性文化遗产资源，其中很多项目具有重要的历史与文化价值，如丝绸之路、大运河、剑门蜀道、茶马古道等。然而，我国区域性遗产保护工作才刚刚起步，对这些区域性保护项目还没有制定出详细的分类管理办法，只是笼统地将其归结为大遗产保护项目。

作为线性遗产资源整合保护与发展模式的一种率先尝试，美国运河国家遗产廊道目前已经取得了阶段性的成果，并引起了国际学界的广泛关注。通过本研究，笔者发现美国运河国家遗产廊道模式能给我们很多启示：

（1）更新文化遗产保护观念，灵活运用管理办法

从文化景观的角度，将人造物与周边自然环境整体性、动态性关照的处理办法，是世界遗产保护界的一个新课题。美国针对区域性文化景观制定了整体关照，分级管理的办法。美国《内政部历史资产处理标准》针对不同级别的保护对象制定了相关的技术标准和导则，分为保存（preservation）、更新（rehabili- tation）、修复（restoration）以及重建（reconstruction）四大类[1]，并分别做出了修复技术上的规定，并附有详细导则。这4种基本的保护标准对于建筑肌理原真性的要求程度递减，组成了一个清晰的等级体系。这不但理清了不同保护对象的保护程度和技术差异，更是为建筑遗产保护与再利用的市场运作提供了一种标准化的技术管理[2]。

目前，国内对区域性文化景观保护还没有制定出有效的管理办法。在保护管理人员的观念里，还是以文物的概念来关照文化景观。这种做法容易导致两种极端行为。一种是忽视文化景观的价值，另一种将文化景观控制得过死，无法对其加以动态的观照。因此，我们也需要学习美国对于文化景观的管理办法，在整体关照的同时，建立自己的分级标准与管理办法，灵活处理。

（2）政府的高度重视

区域性遗产保护与发展项目关乎区域发展战略，必须得到政府部门的高度重视与支持。美国对"国家遗产廊道"的审批是由国会审议，总统亲自审批的。此外，国家公园局长（或其派驻的特别代表）通常会以组员的身份加入廊道委员会，以体现国家对该项目的重视。

目前，我国文化遗产主管部门对这一重要遗产类型还没有给予足够重视，在管理体系上还没正式形成区域化、战略性保护模式的构架。这种管理体系上的缺失一定程度上影响了诸如大运河等大型线性遗产的保护。

（3）积极培育区域性合作组织

美国是一个联邦制国家，政府行政及相应财政等级分为联邦、州、地方三级，地方政府又大致分为县或郡、市、区、镇、村等不同等级类型，目前全美有50个

州、3141个县[3]。较之中央集权的国家，美国是地方政府承担更为重要的职能和分工，对于一个区域的发展布局具有决定性的权力和影响。除此之外，各级政府、非政府组织在自愿基础上成立各级各类区域性联盟组织，以便加强区域间重大事务上的合作。这些区域性组织可以弥补各级政府行政区划带来的裂隙，增强了区域间合作的灵活性。如，本文中提到的廊道管理委员会就是一种典型的区域性合作组织。

近年来，我国在区域间合作方面也作了一些尝试，如西部开发、东北振兴等。但整体上水平不高，相应的运作与保障机制还有待于完善。区域性文化遗产保护与发展方面在我国还是个新生事物，我们应该学习美国区域性合作组织的经验，弥补因政府组织间分散造成的职能分工交叉和相互间摩擦，让区域间合作组织真正肩负起区域管理和服务职能。

（4）公众的广泛参与

美国在管理体系上，主张小政府大社会，这种管理模式将更多的权利交给公众。对于文化遗产保护这样具有社会公益性质的事务，公众参与表现得更为明显。如文中所述，对于流域性的保护计划，项目能否起动的前提首先要看是否能够得到当地公众的支持。可以说，公众参与是其各项工作的重中之重。本文中，美国运河国家遗产廊道的公众参与层次高、深度达、范围广、形式多样等特点，很值得我国学习。

我国文化遗产保护工作主要由相关职能部门、专业科研单位进行，在吸纳民间力量，鼓励公众参与方面做得还远远不够。近年来，随着资讯的传播，国际交流的日益频繁，人们日益认识到公众参与对我国文化遗产保护的重要性，在一些博物馆出现了"物馆之友"等民间团体和个人的参与。但参与的层次、深度都不够，形式也比较单一，一些决策性、核心层面的工作基本上没有公众的参与。

在将来的文化遗产保护工作中，随着保护对象的尺度不断增大，牵涉的利益相关者不断增多，公众参与问题必将成为我国文化遗产保护一个重要命题。我们应该建立起公众参与的相关机制与原则。

（5）较为完备的法制保障

美国国家遗产廊道模式受到由主干法、专门法、相关法组织的法律保障系统的立体覆盖，而且这些法律制度会实时更新。美国城市规划法制化程度之高是有目共睹的，在国家遗产廊道这种大型项目中，每个项目都有针对性的授权法，这部法律由总统亲自签署。

我国现行的法律法规中涉及文化遗产保护的法律、法规主要是围绕文物保护的。如《文物保护法》(1982)、《文物保护工程管理办法》(2003)、《中华人民共和国文物保护法实施条例》(2003)、《文物行政处罚程序暂行规定》(2004)。

对于区域性保护项目来说，大多是一些相关法律、法规，如《环境保护法》(1989)、《自然保护区条例》(1994)。专门性的区域性保护法律、法规较少，如《地质遗迹保护管理规定》(1995)和《风景名胜区条例》(2006)、《长城保护条例》(2006)等。这些大多属于法规一类，还不具备很强的法律效力。因此，我们有必要充分研究美国国家遗产廊道的相关法律，加强区域性保护法制建设，使保护与发展工作严格做到有法可依，有法必依和违法必究。

（6）善于吸纳民间资本

美国国家遗产廊道是一项草根式区域保护与开发计划。在项目运作过程中，美国政府善于通过少量启动资金，吸纳民间资本的广泛投入，这样既减轻了政府的负担，也激起了公众对遗产资源保护的热情，从而使保护工作开展得深入、高效。

迄今为止，我国尚未建立行之有效的文化遗产保护融资渠道，绝大部分的保护资金建设都依靠政府提供。尽管，近年来我国的历史保护投资不断增加，国家文物局局长单霁翔2006年12月18日在全国世界遗产工作会议上说，2006年中央财政用于世界文化遗产保护的投入达1.49亿元，比上年增加了1亿多元。虽然中国政府对世界遗产的保护管理愈来愈重视，不断加大经费投入，但作为拥有世界遗产数量排名第二的遗产大国，这个数额也是远远不够的[4]。这既增加了政府的负担，又很难使保护与发展工作开展的深入、彻底。如果能够转换思维，以项目形式向社会筹集资金，把社会资金引入区域性保护与发展领域，甚至可以把项目交由非政府机构或民间组织进行运作，充分调动民间力量，更好地利用社会闲散资金。这样既可使政府从财政困扰中解脱，还可以使投入资金获得较好的经济效益。

（7）处理好保护与发展的问题

美国政府从一开始就不排斥通过遗产旅游等手段，将资源转化成经济效益。这些年来，更是致力于遗产复兴经济的运动。此外，美国遗产保护界还非常重视保护与教育/科研、解说的联系，努力使保护工作延伸到社会的每个领域，期望通过这项工作产生文化、生态、社会公平等的综合效益。

对于文化遗产/环境资源的效益转化的问题，国内从来不缺乏这方面的意识，问题的关键在于，我们怎样协调保护与利用的关系，文中黑石河的案例生动地教会我们，文化遗产资源可以作为地区经济重新启动的发动机，但我们不能将它作为地区经济的动力源泉，在地区经济进入良性轨道以后，要在恰当的时候将重点文化资源剥离出来单独保护。如果将其始终捆绑在一起，该保护的保护不好，该发展的又不能充分发展。

9.3 研究展望

（1）数据挖掘与分析。本书中笔者对美国运河遗产廊道发展的历史背景与脉络梳理着墨角度，尽管对于模式的运作机理与总体特征也有较为深入的分析，但大多以定性研究为主。已经收集到的一些数据大多是一些二手数据，笔者主要是将其分析结果进行转述和引介。在收集美国运河国家遗产廊道成本与效益等方面的第一手数据，并进行深入分析、推导方面还很不足。在今后的研究中，如果能加强定量研究，以数据说话将更有说服力。

（2）扩大研究时空范围。本次研究中关于美国运河国家遗产廊道规划过程与模式特征的总结，很多时候是基于几个案例的观照，结论也只是对这几个案例的总结、提炼。最后的实例分析部分也只是对一个案例进行了较为深入的剖析，今后如能立足宏观视角，开展不同时期、不同地域、不同类型案例的深入比较研究，其结论定会更加深入、准确，更有说服力。

（3）加强与国外同行专家的学术交流。为了开展这一课题的研究，笔者花了将近一年的时间在美国、加拿大进行了学术考察。这一过程中访谈了美国黑石河、加拿大莱辛运河等多个案例的管理机构，得到了他们的热情帮助。回国后，笔者也与他们保持了长期、稳定的联系。遗憾的是，由于精力、经费等问题，本次研究的访谈深入程度、频次还稍嫌不足，今后如果有机会再到美、加调研，甚至与不同国家大型线性遗产方面的专家行进行学术交流，必将促进这一主题研究的深入、完善。

附录1　美国国家遗产廊道/区域类项目清单
Appendix 1　List of National Heritage Corridors/Areas of the USA

序号	遗产廊道/区域类项目名称	所在州	授权日期	授权法
1	伊利诺伊—密歇根运河国家遗产廊道 Illinois and Michigan Canal National Heritage Corridor	伊利诺伊	08.24.1984	P.L. 98-398
2	约翰·H·查菲黑石河峡谷国家遗产廊道 John H. Chafee Blackstone River Valley National Heritage Corridor	马萨诸塞/罗得岛	11.10.1986	P.L. 99-647
3	特拉华州·莱海国家遗产廊道 Delaware and Lehigh National Heritage Corridor	宾夕法尼亚	11.18.1988	P.L. 100-692
4	西南宾夕法尼亚遗产保护委员会（进步之路） Southwestern Pennsylvania Heritage Preservation Commission（Path of Progress）	宾夕法尼亚	11.19.1988	P.L. 100-698
5	凯恩河国家遗产区域 Cane River National Heritage Area	路易斯安那	11.2.1994	P.L. 103-449
6	最后的绿谷国家遗产廊道（原奎因堡和塞特基特河流域国家遗产廊道） The Last Green Valley National Heritage Corridor	康迪涅克/马萨诸塞	11.2.1994	P.L. 103-449
7	美国农业文化遗产伙伴关系（筒仓和烟囱） America's Agricultural Heritage Partnership（Silos and Smokestacks）	爱荷华	11.12.1996	P.L. 104-333
8	奥古斯塔运河国家遗产区域 Augusta Canal NHA	佐治亚	11.12.1996	P.L. 104-333
9	艾塞克斯国家遗产区域 Essex NHA	马萨诸塞	11.12.1996	P.L. 104-333
10	哈得孙河流域国家遗产区域 Hudson River Valley NHA	纽约	11.12.1996	P.L. 104-333

续表

序号	遗产廊道/区域类项目名称	所在州	授权日期	授权法
11	国家煤炭遗产区 National Coal Heritage Area	西弗吉利亚	11.12.1996	P.L. 104-333
12	俄亥俄州—伊利运河国家遗产运河道 Ohio & Erie Canal National Heritage Canalway	俄亥俄	11.12.1996	P.L. 104-333
13	钢铁河国家遗产区域 Rivers of Steel NHA	宾夕法尼亚	11.12.1996	P.L. 104-333
14	仙纳度谷战场国家历史区 Shenandoah Valley Battlefields National Historic District	弗吉利亚	11.12.1996	P.L. 104-333
15	南卡罗来纳国家遗产廊道 South Carolina National Heritage Corridor	南卡罗来纳	11.12.1996	P.L. 104-333
16	田纳西内战的遗产区域 Tennessee Civil War Heritage Area	田纳西	11.12.1996	P.L. 104-333
17	汽车城国家遗产区域（原汽车城国家遗产区域） Motor Cities NHA	密歇根州	11.6.1998	P.L. 105-355
18	拉克万纳流域国家遗产区域 Lackawanna Valley NHA	宾夕法尼亚	10.6.2000	P.L. 106-278
19	斯库尔基河流域国家遗产区域 Schuylkill River Valley NHA	宾夕法尼亚	10.6.2000	P.L. 106-278
20	机轮国家遗产区域 Wheeling NHA	西弗吉尼亚	10.11.2000	P.L. 106-291
21	尤马路口国家遗产区域 Yuma Crossing NHA	亚利桑那	10.19.2000	P.L. 106-319
22	伊利运河国家遗产廊道 Erie Canalway National Heritage Corridor	纽约	12.21.2000	P.L. 106-554

附录1 美国国家遗产廊道/区域类项目清单

续表

序号	遗产廊道/区域类项目名称	所在州	授权日期	授权法
23	蓝岭国家遗产区域 Blue Ridge NHA	北卡罗来纳	11.10.2003	P.L. 108-108
24	密西西比湾沿岸国家遗产区域 Mississippi Gulf Coast NHA	密西西比	12.8.2004	P.L. 108-447
25	国家航空遗产区域 National Aviation Heritage Area	俄亥俄/印第安纳	12.8.2004	P.L. 108-447
26	油区国家遗产区域 Oil Region NHA	宾夕法尼亚	12.8.2004	P.L. 108-447
27	阿拉伯山国家遗产区域 Arabia Mountain NHA	佐治亚	10.12.2006	P.L. 109-338
28	阿查法拉亚国家遗产区域 Atchafalaya NHA	路易斯安那	10.12.2006	P.L. 109-338
29	尚普兰流域国家遗产合作伙伴 Champlain Valley National Heritage Partnership	纽约/佛蒙特	10.12.2006	P.L. 109-338
30	美国革命十字路口国家遗产区域 Crossroads of the American Revolution NHA	新泽西	10.12.2006	P.L. 109-338
31	自由的边疆国家遗产区域 Freedom's Frontier NHA	堪萨斯/密苏里	10.12.2006	P.L. 109-338
32	大盆地国家遗产线路 Great Basin National Heritage Route	内华达/犹他	10.12.2006	P.L. 109-338
33	Gullah/Geechee遗产廊道 Gullah/Geechee Heritage Corridor	佛罗里达/佐治亚/北卡罗来纳/南卡罗来纳	10.12.2006	P.L. 109-338
34	摩门教先驱国家遗产区域 Mormon Pioneer NHA	犹他	10.12.2006	P.L. 109-338
35	北里奥格兰德国家遗产区域 Northern Rio Grande NHA	新墨西哥	10.12.2006	P.L. 109-338

续表

序号	遗产廊道/区域类项目名称	所在州	授权日期	授权法
36	上休沙通尼克流域国家遗产区域 Upper Housatonic Valley NHA	康迪涅克/马萨诸塞	10.12.2006	P.L. 109-338
37	亚伯拉罕·林肯国家遗产区域 Abraham Lincoln NHA	伊利诺伊	05.08.2008	P.L. 110-229
38	通过神圣的土地之旅国家遗产区域 Journey Through Hallowed Ground NHA	马里兰/宾夕法尼亚/弗吉尼亚/西弗吉尼亚	05.08.2008	P.L. 110-229
39	尼亚加拉大瀑布国家遗产区域 Niagara Falls NHA	纽约	05.08.2008	P.L. 110-229
40	巴尔的摩国家遗产区域 Baltimore NHA	马里兰	03.30.2009	P.L. 111-11
41	Cache La Poudre河国家遗产区域 Cache La Poudre River NHA	科罗拉多	03.30.2009	P.L. 111-11
42	自由之路国家遗产区域 Freedom's Way NHA	马萨诸塞/新罕布尔市	03.30.2009	P.L. 111-11
43	基奈山特纳盖恩臂国家遗产区域 Kenai Mountains-Turnagain Arm NHA	阿拉斯加	03.30.2009	P.L. 111-11
44	密西西比三角洲国家遗产区域 Mississippi Delta NHA	密西西比	03.30.2009	P.L. 111-11
45	密西西比山国家遗产区域 Mississippi Hills NHA	密西西比	03.30.2009	P.L. 111-11
46	马斯尔肖尔斯国家遗产区域 Muscle Shoals NHA	阿拉巴马	03.30.2009	P.L. 111-11
47	北部平原国家遗产区域 Northern Plains NHA	北达科特	03.30.2009	P.L. 111-11
48	桑格雷德克基督山国家遗产区域 Sangre de Cristo NHA	科罗拉多	03.30.2009	P.L. 111-11
49	南园国家遗产区域 South Park NHA	科罗拉多	03.30.2009	P.L. 111-11

附录2　　本研究考察线路及相关图片

附录2-1　本文研究考察线路

世界遗产魁北克城	莱辛运河	世界遗产里多运河
白山游道	洛厄尔国家历史公园	黑石河流域国家遗产廊道
展望公园	高线公园	芝加哥河
中央公园	项链公园局部	尼亚加拉瀑布国家遗产区域

附录2-2 相关图片

参考文献

[1] Aas C, Ladkin A, Fletcher J. Stakeholder collaboration and heritage management[J]. Annals of Tourism Research, 2005, 32(1): 28-48.

[2] Chalana, M. With Heritage So Wild: Cultural Landscape Management in the U.S. National Parks[D]. Colorado: University of Colorado, 2005.

[3] Charles A. Flink, Robert M. Searns. Greenways [M]. Washington: Island Press, 1993.

[4] Buggy, S. Historic landscape conservation in North America: Roaming the field over the past thirty years[J]. APT bulletin, 1998(29): 37-42.

[5] Billington R., Cadoppi V., Carter N. Stakeholder Involvement, Culture, and Accountability in the Blackstone Valley of New England, USA: A Work in Progress [J]. Tourism Review International, 2007, 11(2): 97-106.

[6] Barrett Brenda. Roots for the National Heritage Area Family Tree [J]. The George Wright Forum, 2003, 20: 8-12.

[7] Brenda Barrett and Eleanor Mahoney. National Heritage Areas: Learning from 30 Years of Working to Scale[J]. George Wright Forum, 2016, 33(2), 163–174.

[8] Brunswick N.A. Visitor preferences and scenic byway interpretive design and planning in Logan Canyon[D]. Logan: Utah State University, 1995.

[9] Baird T A. Bear River Heritage Area: A study of recreation specialization and importance-performance [D]. Logan: Utah state University, 2013.

[10] Blackstone Valley National Heritage Corridor Commission. Cultural Heritage and Land Management Plan for the Blackstone Valley National Heritage Corridor[R]. 1989.

[11] Copping S. & P. Huffman. Connecting stories, landscapes, and people: exploring the Delaware and Lehigh National Heritage Corridor Partnership, sustainability study report: a technical assistance project for the Delaware and Lehigh National Heritage Corridor Commission and the Delaware and Lehigh National Heritage Corridor, Inc. [R]. National Park Service Conservation Study Institute, Woodstock, 2006.

[12] Daly J. Heritage areas: connecting people to their place and history[J]. Forum Journal, National Trust For Historic Preservation, 2003, 17(4): 5-12.

[13] Eugster J. Evolution of the heritage areas movement [J]. George Wright Forum, 2003, 20: 50-59.

[14] Elizabeth Morton. Heritage Partnerships: National Designation, Regional Promotion and the Role of Local Preservation Organizations [D]. Boston: Massachusetts Institute Of Technology, 2006.

[15] Elizabeth Totten. National heritage areas as a Sustainable heritage tourism and preservation tool[D]. City of College Park: University of Maryland, 2016.

[16] Erie Canalway National Heritage Corridor Commission. Erie Canalway National Heritage Corridor Preservation and Management Plan Heritage Corridor[R]. 2005.

[17] Farshadmanesh F., Chang P., Wang H., et al. Destination attractiveness of the Silos and Smokestacks National Heritage Area[D]. Cedar Falls: University of Northern Iowa, 2012.

[18] Flink C. A. & R. M.Searns. Greenways: A guide to planning, design, and development [M]. Washington: Island Press. 1993.

[19] Filed B. G. & B. D. Macgregor. Forecasting techniques for urban and regional planning[M]. London: UCL Press Limited, 1992.

[20] Gregory M. Benton. Assessment of Four Goals in National Park Service Cultural Interpretive Programs [D]. Bloomington: Indiana University, 2007.

[21] Hillary G. Adam. Heritage Area Designation and Its Impact on Quality of Life in the Schuylkill River Valley [D]. Philadelphia: University of Pennsylvania, 2006.

[22] Hall C. Michael. Rethinking Collaboration and Partnership: A Public Policy Perspective [J]. Journal of Sustainable Tourism, 07(3-4): 274-289.

[23] Hamin E. M. The US National Park Service's partnership parks: collaborative responses to middle landscapes [J]. Land Use Policy, 2001(18): 123-135.

[24] Hiet C. Assessing National Heritage Areas [D]. Washington Metropolitan Area: University of Maryland. 2007.

[25] ICOMOS International Charter for the Conservation and Restoraion of Monuments and Sites Decision and resolutions〔C〕.Venice, 31.5.1964.

[26] Igor Ansoff. Corporate Strategy [M]. New York: McGraw Hill, 1965.

[27] Jeanrenaud S. People-oriented approaches in global conservation: is the leopard changing its spots [M]. London: International Institute for Environment and Development and the Institute for Development Studies, 2002.

[28] Jokilehto J. A history of architectural conservation [M]. Oxford: Butterworth Heinemann. 2002.

[29] Hamer D. Planning and heritage: towards integration [J]. Urban planning in a changing world, 2000: 194-211.

[30] Kimberley M. Mckee. AN Assessment of Regional Partnerships for Economic Development Through the National Heritage Area Collaborative Model [D]. Boston: Massachusetts Amherst, 2011.

[31] Kelley W. National Scenic Byways: Diversity Contributes to Success [J]. Transportation Research Record: Journal of the Transportation Research Board, 1880: 174-180.

[32] Ligibel Theodore J. The Maumee Valley heritage corridor as a model of the cultural morphology of the historic preservation movement [D]. Bowling Green: Bowling Green State University, 1995.

[33] Laven D. N. & D. H. Krymkowski. From Partnerships to Networks: New Approaches for Measuring U.S. National Heritage Area Effectiveness [J]. Evaluation Review, 2010, 34: 271-298.

[34] Loukaitou-Sideris, A. & R. Gottlieb. A Road as a Route and Place: The Evolution and Transformation of the Arroyo Seco Parkway [J]. California History, 2005, 83: 28-40.

[35] Little C.E. Greenways for America [M]. Baltimore: Johns Hopkins University Press, 1990.

[36] Martin Williams·Susan. National Heritage Areas: Developing and Specifying a Model of Interorganizational Domain Development, And, Exploring the Role of the National Park Service as a Federal Partner [D]. Morgantown: West Virginia University, 2007.

[37] Miller Lanning Darlene. Economy as an artifact: regional history and public planning potential in the Delaware and Lehigh Navigation Canal National Heritage Corridor at Wilkes-Barre, Pennsylvania[D]. Binghamton: State University of New York, 1994.

[38] Melnick, R. Z. Capturing the cultural landscape [J]. Landscape Architecture, 1981(71): 56-61.

[39] Meyer B. H. History of Transportation in the United States before 1860[J]. Washington: Carnegie institution of Washington, 1917.
[40] Nils Scheffler. Thematic Report 1.0: Cultural heritage integrated management plans[R]. 2009.
[41] National Park Service. Components of a Successful National Heritage Area Management Plan[R]. 2007.
[42] National Park Service.National Heritage Area Feasibility Study Guidelines(draft)[R]. 2003.
[43] National Park Service. National Park System Advisory Board Report[R]. 2005.
[44] National Park Service. The Blackstone river Corridor Study: Conservation Options [R]. 1985.
[45] Orlin G. S. The evolution of the American urban parkway[D]. Washington, D.C.: The George Washington University, 1992.
[46] Patrick Holladay, Jeffrey C. Skibins, Florian J. Zach, and Marcelo Arze. Exploratory Social Network Analysis of Stakeholder Organizations Along the Illinois and Michigan Canal National Heritage Corridor[J]. Park and Recreation Administration , 2017(35) 4: 37–48.
[47] Pack K. L. It Takes a Town to Build a Trail: Relationships between Nonprofit Organizations and Local Governments in Rail-Trail and Greenway Development in Three West Virginia Communities[D]. Morgantown: West Virginia University. 2006.
[48] Public Law. 98-398[R]. Washington DC: Congress. 1984.
[49] Richards, G. The scope and significance of cultural tourism [J]. Cultural tourism in Europe, 1996: 19-45.
[50] Roberts and Todd. Schuylkill River National & State Heritage Area Final Management Plan and Environmental Impacts Statement [R]. 2003.
[51] Roberts J.T. World-system theory and the environment: toward a new synthesis [J]. Sociological theory and the environment: Classical foundations, contemporary insights, 2002: 167-192.
[52] Searns R. M. The evolution of greenways as an adaptive urban landscape form [J]. Landscape and Urban Planning, 1995, 33: 65-80.
[53] The Conservation Study Institute. A handbook for managers of cultural landscapes with natural resource values [S]. Conservation and Stewardship Publication, 2003.
[54] Sherry R. Arnstein. A Ladder Of Citizen Participation[J]. Journal of the American Institute of Planners, 1969, 35(4): 216-224.
[55] Thérivel R.& M.R. Partidário. The practice of strategic environmental assessment [M]. London: Earthscan Publications Ltd, 1996.
[56] Tuxill J.L. & N.J. Mitchell. Collaboration and Conservation: Lessons Learned in Areas Managed Through National Park Service Partnerships[R]. Conservation and Stewardship Publication, 2001, 03: 18-19.
[57] Tuxill J. L. Reflecting on the past, looking to the future: sustainability study report: a technical assistance report to the John H. Chafee Blackstone River Valley National Heritage Corridor Commission[R]. Conservation Study Institute. 2005.
[58] The next ten years [R]. Blackstone Valley National Heritage Corridor Commission, 1998.
[59] Vincent C.H., Whiteman D.Heritage Areas: Background, Proposals, and Current Issues[C]. US Library of Congress, Congressional Research Service, 2002.
[60] Vincent C. H., D.Whiteman. Heritage Areas: Background, Proposals, and Current Issues[C]. Congressional Research Service, 2004.
[61] Wylie J. & J. Bedwell. Ecotourism and Recreation in the Panama Canal Watershed: Preliminary Assessment And Recommendations[R]. 2000.

[62] Walter B., Block M. Landscape of Industry [M]. Lebanon: University press of New England, 2009.
[63] Congress of the United States. Public Law 98-398[Z]. 1984.
[64] Congress of the United States. Public Law 99-647[Z]. 1986.
[65] http://www.cr.nps.gov/heritageareas/FAQ/INDEX.HTM.
[66] http://www.canals.ny.gov/news/crc/c1.pdf.
[67] http://www.breconbeacons.org/the-authority/who-we-are/our-strategies/interpretation-strategy.
[68] http://byways.org/press/listbyways.html.
[69] http://www.blackstonevalleycorridor.org/about/resources/.
[70] http://www.blackstonevalleycorridor.org/explore/.
[71] http://www.blackstonevalleycorridor.org/explore/bikeway/.
[72] http://www.blackstone valley corridor.org/about/resources/heritage_landscape.htm.
[73] http://www.blackstone valleycorridor.org/about/news/.
[74] http://www.cumberlandri.org/towndepts/planning/comprehensive/08.pdf.
[75] http://www.eriecanalway.org/.
[76] http://www.epa.gov/region1/superfund/sites/peterson/480751.pdf.
[77] http://www.blackstone valley corridor.org/sustainability/environment/.
[78] http://www.franklintwpnj.org/OSRP_Plan.pdf .
[79] http://www.iandmcanal.org/index.html.
[80] http://www.mra.wa.gov.au/Documents/Elizabeth-Quay/Elizabeth-Quay-Heritage-Interpretation-Strategy.pdf.
[81] http://www.nps.gov/history/hps/pad/PlngPrinc.html.
[82] http://www.nps.gov/csi/pdf/Blackstone%20Final%20Report.pdf.
[83] http://www.nationalheritageareas.com/ Policy-Memo-12-01.Pdf.
[84] http://www.nationalheritageareas.com/heritage_areas.html.
[85] http://www.sustainabletourismlab.com/cox.doc.
[86] Gary, R. 河流管理的流域规划方法[J]. 北京水利, 1998, 05：13-15.
[87] D. J. Boorstin（布尔斯廷）. 美国人：建国的经历[M]. 谢延光, 译. 上海译文出版社, 1989.
[88] Ed Rigsbee（埃德·里格斯比）, 唐艳. 合作的艺术[M]. 王倩芳, 译. 北京：中信出版社. 2003.
[89] Haken Hermann（哈肯）. 协同学：大自然构成的奥秘[M]. 凌复华, 译. 上海：上海译文出版社, 2005.
[90] Igor Ansoff. Corporate Strategy [M]. New York：McGraw Hill, 1965.
[91] Philip Kotler（菲利普·科特勒）. 非营利事业的策略性行销[M]. 张在山, 译. 授学出版社, 1990.
[92] Stephen L. J. Smith（斯蒂芬·史密斯）. 游憩地理学[M]. 吴必虎等, 译. 高等教育出版社, 1992.
[93] 程水源, 崔建升, 刘建秋, 郝瑞霞. 建设项目与区域环境影响评价[M]. 北京：中国环境科学出版社. 2003.
[94] 陈岩峰. 基于利益相关者理论的旅游景区可持续发展研究[D]. 成都：西南交通大学, 2008.
[95] 杜鑫坤, 余青, 樊欣等. 国外风景道的理论与实践[J]. 旅游学刊, 2006, 05：67-71.
[96] 郭治安. 协同学入门[M]. 成都：四川人民出版社, 1988.
[97] 顾学稼. 美国史纲要[M]. 成都：四川大学出版社, 1992.
[98] 高毅存. 规划与法制[J]. 北京规划建设, 1998, 06：19-20.
[99] 韩锋. 世界遗产文化景观及其国际新动向[J]. 中国园林. 2007, 11：18-21.
[100] 靖大伟. 基于远程控制的大型项目协同管理研究[D]. 武汉：武汉理工大学, 2011.
[101] 李伟, 俞孔坚, 李迪华. 遗产廊道与大运河整体保护的理论框架[J]. 城市问题, 2004, 01：28-31.

[102] 李伟, 俞孔坚, 李迪华. 世界文化遗产保护的新动向——文化线路[J]. 城市问题, 2005, 04: 7-12.
[103] 李伟. 介绍一部大尺度文化遗产保护管理方面的国际文献[N]. 中国文物报, 2005-06-03（8）.
[104] 李娟, 郝志刚. 区域性遗产保护的新方法——基于美国国家遗产区域的发展及其经验[J]. 柳州职业技术学院学报, 2011, 11（3）: 10-15.
[105] 梁航琳, 杨昌鸣. 中国城市化进程中文化遗产保护对策研究——文化遗产的动态保护观[J]. 建筑师, 2006, 02: 10-13.
[106] 刘佳燕, 陈宇琳. 专题研究[J]. 国外城市规划, 2006, 21（05）: 119-121.
[107] 刘豹, 顾培亮. 系统工程概论[M]. 北京: 机械工业出版社, 1987.
[108] 廖凌云, 杨锐. 美国阿拉伯山国家遗产区域保护管理特点评述及启示[J]. 风景园林, 2017（7）: 50-56.
[109] 陆书玉, 架胜基, 朱坦. 环境影响评价[M]. 北京: 高等教育出版社. 2001.
[110] 莫妮卡·卢思戈, 韩锋等译. 文化景观之热点议题[J]. 中国园林, 2005, 05: 10-15.
[111] 马小俊, 刘文. 合作组织在美国流域管理中的作用[J]. 水利水电快报, 2005, 26, 23: 6-8.
[112] 秦远建, 蔡程. 构建企业内部协同的组织行为方法研究[J]. 现代管理科学, 2006, 12: 86-92.
[113] 沈海虹. "集体选择"视野下的城市遗产保护研究[D]. 上海: 同济大学, 2006.
[114] 尚金武, 包存宽. 战略环境评价导论[M]. 北京: 科学出版社. 2004.
[115] 王志芳, 孙鹏. 遗产廊道———种较新的遗产保护方法[J]. 中国园林, 2001, 05: 85-88.
[116] 王肖宇, 陈伯超. 美国国家遗产廊道的保护——以黑石河峡谷为例[J]. 世界建筑, 2007, 07: 124-126.
[117] 汪芳, 廉华. 线型空间研究进展与发展趋势[J]. 华中建筑, 2007, 07（25）: 88-91.
[118] 吴祥艳, 付军. 美国历史景观保护理论和实践浅析[J]. 中国园林, 2004（3）: 69-73.
[119] 吴季钢. 台湾专业型非营利组织的服务创新管理模式之研究[D]. 昆明: 昆明理工大学, 2010.
[120] 徐嵩龄. 第三国策: 论中国文化自然遗产的保护[M]. 北京: 科学出版社, 2005.
[121] 奚雪松, 俞孔坚, 李海龙. 美国国家遗产区域管理规划评述[J]. 国际城市规划, 2009, 24（04）: 91-98.
[122] 奚雪松, 陈琳. 美国伊利运河国家遗产廊道的保护与可持续利用方法及其启示[J]. 国际城市规划, 2013（4）: 104-111.
[123] 熊京民, 韩春华. 美国州际高速公路系统[J]. 国外公路. 1995, 15（4）: 1-4.
[124] 闫宝林, 李素芝. 美国遗产区域保护概述[J]. 山西建筑, 2010, 36（9）: 11-13.
[125] 俞孔坚, 周年兴, 李迪华. 不确定目标的多解规划研究——以北京大环文化产业园的预景规划为例[J]. 城市规划, 2004, 03: 57-61.
[126] 应四爱, 陈惟, 李辉. 浅议美国文化与自然遗产保护[J]. 浙江工业大学学报, 2004, 32（4）: 113-116.
[127] 朱强, 李伟. 遗产区域: 一种大尺度文化景观保护的新方法[J]. 中国人口·资源与环境, 2007, 17（01）: 50-55.
[128] 周年兴, 俞孔坚, 黄震方. 关注遗产保护的新动向: 文化景观[J]. 人文地理. 2006, 05: 61-65.
[129] 张玲蓉. 试论19世纪美国交通革命[J]. 江西师范大学学报, 2003, 36（05）: 121-125.
[130] 郑利军, 杨昌鸣. 历史街区动态保护中的公众参与[J]. 城市规划, 2005, 92（7）: 63-65.
[131] 中华人民共和国国家质量监督检验检疫总局. 国家公园基本条件: DB53/T 298 [S]. 昆明: 云南省质量技术监督局, 2009.

致谢

美国是遗产廊道/区域模式的发源地和主要实践地,对该模式的探索已有30多年,在这一过程中获得了许多理论成果与实践经验,且引起了国际学界的广泛关注。我国同样也是一个拥有着丰富线性文化遗产资源的国度,但在线性遗产的整体保护与发展方面经验较为缺乏。于是,笔者开始带着浓厚的兴趣,尝试开展相关研究。由于大型线性遗产的保护与发展涉及多学科的知识背景,在研究过程中,笔者深刻感受到"学无止境"与"力有不逮"的压力。再者,由于地理、文化、语言文字上的差异等原因,研究中面临的困难并非仅凭个人的一腔热血能够解决,幸运的是我得到了许多人的支持和帮助。

今天呈现在大家面前的这部书稿,虽尚显粗浅,但它不仅浸润了自己博士阶段的辛勤汗水,更凝聚了无数人的关爱与支持。在博士毕业几年后的今天,我国的运河遗产保护研究仍方兴未艾,于是我决心将前期的研究成果结合最近的一些行业动态,加工、整理出版。如此,一方面是为了与同行交流,接受更广泛的批评指正;另一方面,是想对那些曾给与我帮助的领导、老师、亲友们由衷地说一声,谢谢您们!我仍然在坚持!

经过几个月的紧张工作,书稿终告段落,即将付梓之时,掩卷思量,饮水思源,笔者内心感激之情难于言表!在此,笔者谨怀诚挚的心情,向您们表达深深的谢意,现一并致谢。

首先,感谢我的导师——南京林业大学风景园林学院张青萍教授。初入师门时我有些懵懂和彷徨,正是您的教导、鼓励和认同让我逐渐潜下心来。研究过程中,每每遇到困难和纠结时,老师总能用您敏锐的学术洞察力和清晰的思路为我指明方向。在文章的选题、研究方案制定、撰写过程中,都倾注了您大量心血,在此向您表示最衷心的感谢!

在文章的研究、写作及完善过程中,南京林业大学王浩教授、王良桂教授、芦建国教授、唐晓岚教授、田如男教授,东南大学冷嘉伟教授、成玉宁教授等都提出了宝贵的意见和建议,拓展了写作思路,笔者不胜感激!同时,对南京林业大学汪辉教授、邱冰副教授、黄仕雄副教授、徐振副教授等在书稿撰写、出版过程中给与的鼓励与热情帮助，表示深深的谢意！感谢绍兴文理学院司开国副教授对书稿的校阅！

在研究资料收集和实地调查阶段得到了美国黑石河流域旅游协会主席比尔·比林顿先生、华侨马琼生先生、郭一帆先生的亲切接待和倾力帮助，在此一并表示感谢！

最后，再次感谢南京林业大学风景园林学院的领导与全体同仁，是你们的关爱与帮助，给了我无畏前行动力，祝你们一切顺利！

作者：龚道德

2018年9月于南京